描くだけで毎日が
ハッピーになる

ふだん使いの
マインドマップ

ブザン公認マインドマップ®インストラクター
矢嶋美由希

CCCメディアハウス

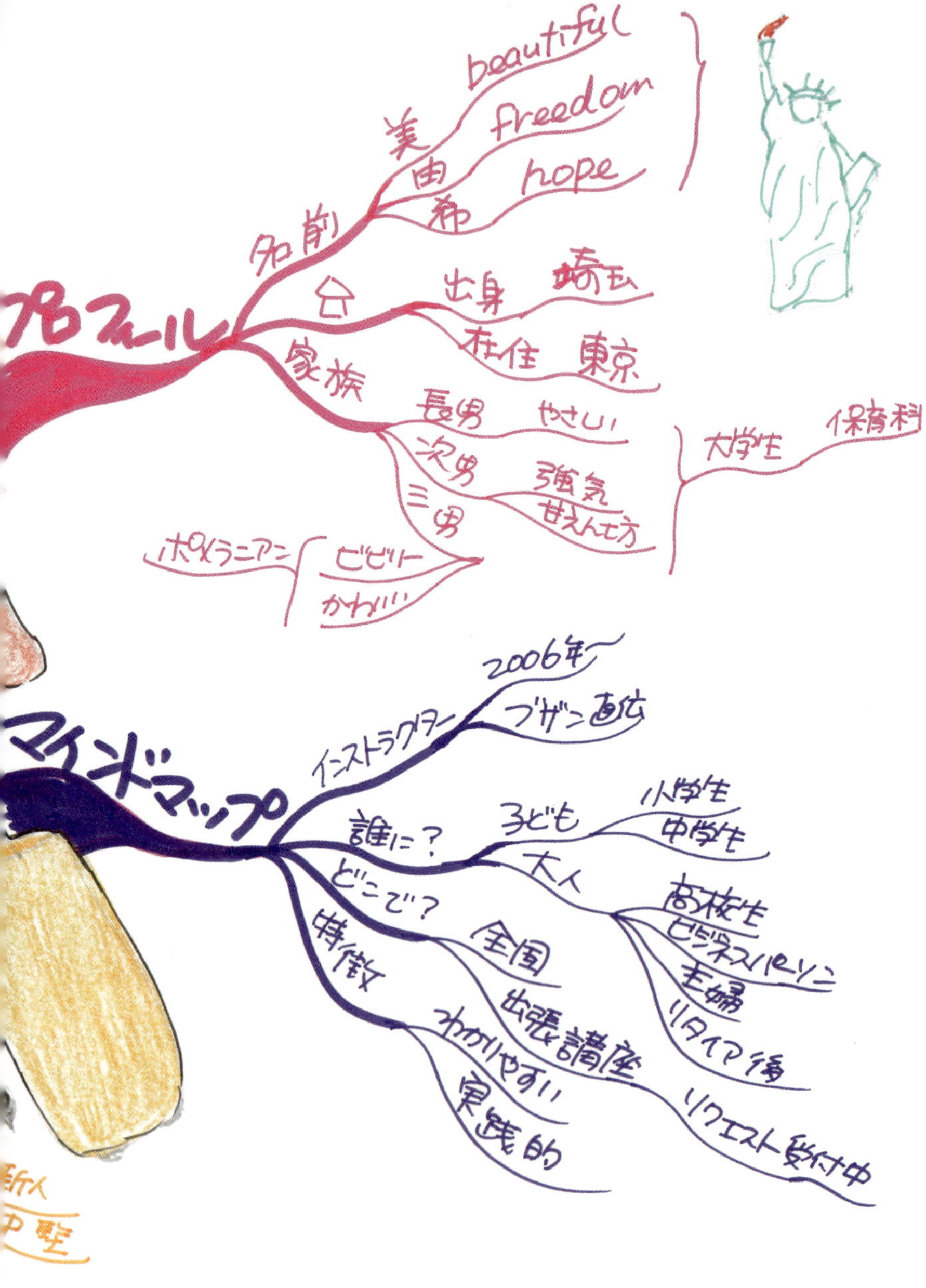

プロフィール
名前
美
由
希
beautiful
freedom
hope
出身
埼玉
在住
東京
家族
長男
やさしい
次男
強気
三男
甘えん坊
大学生
保育科
ポメラニアン
ビビリ
かわいい
マインドマップ
インストラクター
2006年〜
ブザン直伝
誰に？
子ども
小学生
中学生
大人
高校生
ビジネスパーソン
主婦
リタイア後
どこで？
全国
出張講座
リクエスト受付中
特徴
わかりやすい
実践的

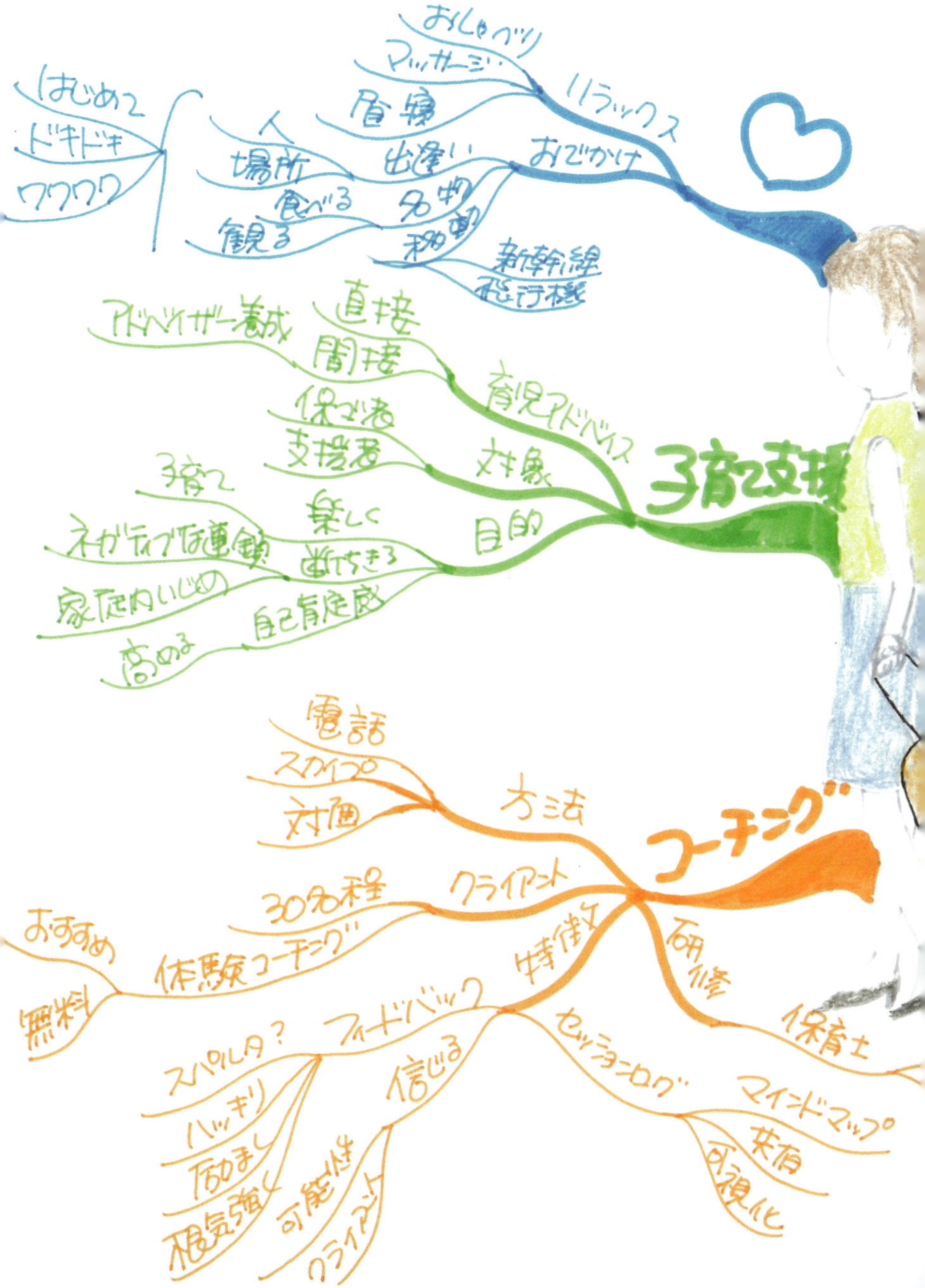
リラックス
おしゃべり
マッサージ
自宅
おでかけ
出逢い
名物
移動
新幹線
飛行機
人
場所
食べる
観る
はじめて
ドキドキ
ワクワク
子育て支援
育児アドバイス
直接
間接
アドバイザー養成
対象
保護者
支援者
目的
楽しく
子育て
断ち切る
ネガティブな連鎖
家庭内いじめ
自己肯定感
高める
コーチング
方法
電話
スカイプ
対面
クライアント
30名程
体験コーチング
おすすめ
無料
特徴
フィードバック
スパルタ？
ハッキリ
励まし
根気強く
信じる
可能性
クライアント
セッションログ
マインドマップ
共有
可視化
研修
保育士

はじめに

マインドマップって、知っていますか？

「聞いたことはあるけど、使ったことはない」

「見たことはあるけど、そういう名前とは知らなかった」

「へぇ……見たことも聞いたこともなかった」

という方が多いのではないでしょうか。マインドマップは、一部の人にはよく知られていても、まだまだ知らない人も多いものです。

日本におけるマインドマップは、ビジネスの場面で、それまでとは違ったクリエイティブな発想を生み出すための思考ツールとしてのメリットが強く打ち出されてきました。その背景には、カリスマコンサルタントとして知られる神田昌典氏が『ザ・マインドマップ』（ダイヤモンド社）を翻訳し、日本への紹介に力を注いできたことがあります。

そのため、ＩＴ業界の方が情報整理や発想法に取り入れたり、新しいものに敏感なビジネスパーソンがユニークな思考法として興味を持ったりしています。自己啓発やスキル向上に熱心な方々には、なじみがあるのではないでしょうか。

でも、マインドマップはビジネスパーソンだけのものではありません。むしろ、仕事と家事を同時並行で行うワーキングマザーや、複数のことを同時に捉えて瞬時に判断を求められる福祉などの援助職のような方にこそ便利に使えるものなのです。

枝（ブランチ）を伸ばして思考を深めていくというプロセスは、結果だけを重視する思考よりも、教育的な要素を含む場面のほうが適しているのではないかと、わたしは考えています。なぜならば、思考の経緯が枝や言葉として残っているからです。事実、教育現場におけるマインドマップの普及に関しては、素晴らしい成果が日本のあちらこちらで報告されています。

そんな中で誤解されていると感じるのは、「紙の中央から放射状に枝が描いてあればマインドマップだろう」という安直な思い込みです。あるいは、「きれいなイラストを描かなければならないのだ！」とハードルを高く設けてしまって、食わず嫌いのような印象をお持ちの方も多いようです。

マインドマップは、本来は「自分の思考の制限」を乗り越えていく「頭の使い方」なのだとわたしは感じています。そう聞くと、なんだかハイレベルな感じがするかもしれませんが、難しく考える必要もありません。というのは、マインドマップには「正解」がないからです。

これまで「正しいマインドマップ」を描かなくちゃと思うあまり活用しきれなかった方

にも、これからマインドマップを始めてみたいという方にも、本書を通じて、可能な限りわかりやすくお伝えしていきたいと思います。また、これまでマインドマップを難しく考えていた方や、マインドマップに〝あやしさ〟を感じていた方には、日常的に使われているマインドマップをご紹介することで、身近に感じられるようになっていただければと考えています。

マインドマップは「楽しい」ものであり、その一方で、意外と「奥深い」ものなのです。

ふだん使いのマインドマップ　目次

3 みんなのマインドマップ活用例②
学びのために

6 マインドマップを描いてみよう…… 201

おわりに 238

ブックデザイン　森　裕昌

1
マインドマップとは？

マインドマップができるまで

マインドマップは、1970年代にイギリスのトニー・ブザン氏が開発しました。イギリスの公共放送BBCで、学習に問題を抱えていた子どもたちが、マインドマップを取り入れたことで大きく変化した、という内容が放映されたのをきっかけに広く知られるようになり、今では世界中の国々で活用されています。

一般的には、82年刊行のブザン氏の著書『頭がよくなる本』(佐藤哲・訳／東京図書)で、マインドマップがはじめて日本に紹介されたと思われていますが、実は、78年にはすでにブザン氏の著書が翻訳出版されています(『頭脳開発99パーセントへの挑戦』日本ブリタニカ)。この本を監修したのは、カードを使ったデータ整理法「KJ法」で有名な川喜田二郎教授です。

その後、ブザン氏の主著『ザ・マインドマップ』(神田昌典・訳／ダイヤモンド社／2005年)がベストセラーになったことによって、日本でも「マインドマップ」という言葉が広く知られるようになりました。わたしの講座には、親子3代でマインドマップを愛用しているという方もいらっしゃいます。日本で広く認識されはじめたのは最近かもしれませんが、実はかなり以前から取り入れられていたと考えてもいいのかもしれません。

やり方がわかればできないことはない

マインドマップが生まれたきっかけは、開発者のトニー・ブザン氏が小学校に入学したところまでさかのぼります。

小学校では成績順でクラスが分かれていて、トニー少年は1Aクラスでした。そして、親友のバリーは1Dでした。バリーは昆虫の名前にも詳しく、川の魚のこともよく知っていて、トニーは彼を尊敬していました。それなのに、トニーがいちばん成績が上のAクラスで、バリーはそれより成績の悪いDクラスだったのです。

トニーは子ども心に、「『イギリスの川にいる魚の種類を2つ答えなさい』というテストで何がわかるんだ?」と思わずにはいられませんでした。「賢さって何?」「誰が決めるの?」という疑問が湧き、「頭の良さ」について考え始めたのです。

その後、14歳になったトニー少年は、今度は本を読む速さを計るテストを受けました。これは、当時のイギリスでは上級学校へ進学するための予備テストでした。進学すると参考文献を多く読む必要があるので、本を速く読めることが求められていたからです。

このテストで、トニーは1分間で214ワードを読みました。「わぉ! 素晴らしい!」と自画自賛していたトニーでしたが、クラスにはもっと早く、1分間で314ワード読んでいる子がいました。トニーは担任の先生に伝えました。「ぼくも、あの子のようにもっと早く本を読めるようになりたい！」

ところが先生は「それは無理だ」と言いました。当時は、本を読む速さは先天的なものだと考えられていたのです。「髪の毛の色や眼の色が変わらないように、本を読む速さも変わらないのだよ」と言われ、トニーはまた疑問を持ちました。というのも、13歳から体を鍛え始めたトニーは、半年で腹筋が6つに割れることを体験していたのです。彼は、「体を鍛えることができるのだったら、眼の動きも鍛えられるはずだ。脳も鍛えられるのでは？」と考えたのです。

その後、本を読む時の眼の動きや、本の内容を理解するための準備など、読書スピードを上げるための方法を試行錯誤し、ついにトニーは、1分間1000ワード以上のスピードで読めるようになりました。その体験から、トニーは「脳には無限の可能性がある」「やり方がわかれば、誰でもやれるようになっていく」「多くの人は、やり方がわからないだけだ」と考えるようになっていったのです。

脳の取扱説明書

やがて大学生になったトニーは、次々に出される課題をこなせず困り果てていました。

そこで図書館に行き、脳を効率的に使えるようになる本を探しました。しかし、司書に脳についての本を探していると尋ねると、解剖生理学のコーナーを案内されました。トニーは「そうじゃなくて、どうしたら脳をもっとよく働かせられるのかを知りたいのです」と言ったのですが、司書の答えはそっけないものでした。「そういう本はありません」

トニーはそれを聞いて驚きました。ラジオにだって取扱説明書があるのに、なぜこんなに大事な臓器である脳の取扱説明書がないんだ！　これが彼の大きな転機となりました。「脳の取扱説明書がないんだったら、自分で作ればいいんだ！」と考えたのです。そう！それがマインドマップとなっていくのです。

ここで、そこから少しだけ月日をさかのぼります。彼が大学生になって最初の授業です。期待と緊張でいっぱいの学生たちの前に現れたのは、学生嫌いで有名なクラーク教授でした。教授は「出欠をとる」と言って、名簿順に学生の名前を読み上げていきました。欠席の学生がいると、教授は、その学生の住所や両親の名前などをスラスラと口にしたのです。欠席の中にはトニーの友人もいたので、教授が適当なことを言っているのではないことはわかりました。トニーは衝撃を受けました。

クラーク教授は、授業の最後に再度、欠席した学生の名前を読み上げ、「名簿につけておく」と言って教室から出ていきました。トニーは教室を飛び出し、教授を追いかけました。そして頼んだのです。「先生、その記憶力について教えてください」と。当然ながら、簡単には教えてもらえませんでしたが、3か月あまり頼み続け、やっと「記憶には法則がある」ということを教えてもらいました。それは、ギリシャ式の記憶術でした。

記憶術とマインドマップ

クラーク教授が教えてくれたギリシャ式記憶術とは、あるものを覚える際、その周りのものと結びつけて覚える方法です。よく歴史の年号をゴロ合わせで覚えるのに似ています。そうすることによって、ひとつひとつを覚える労力も能力もずっと少なくて済み、とても効率的に、しかも正確に記憶できるのです。この方法は、現在でも世界中の多くの記憶術に取り入れられています。

トニーは、この記憶術をノートに書いて習得しました。そこから、自分なりのノートの書き方を工夫していきましたが、その際、トニーの頭の中にあったのが「脳の取扱説明書」です。脳をもっと効率的に使い、もっとたくさん記憶できるようにするためには、どんなノートにしていけばいいか……。やがて、中央のメインテーマから放射状に枝を広げていくようなノートを描くようになりました。マインドマップの誕生です。

最初は枝（ブランチ）も、定規で線を引いて描いていたそうです。おまけに、黒一色でした。しかし、徐々に色を使うようになり、枝も曲線になって、わたしたちが知っているマインドマップへと進化していきました。そんなユニークなノートを描いていたことで、教授から注意を受けることもありましたが、テストで良い成績をとっているうちに、注意を受けることもなくなっていったのです。

その後トニーは、大学で心理学を教えるようになります。しかし、授業中に居眠りをする学生に困っていました。何とか学生を眠らせない方法はないものかと考えていた時、トニーは大事なことに気づきました。板書が箇条書きだったのです。それでは眠くなっても仕方ない、と反省したトニーは箇条書きをやめ、マインドマップで板書するようにしました。すると、居眠り学生はひとりもいなくなったそうです。

マインドマップを世界へ

トニー・ブザンという人は、頭を良くすることについて、とにかく貪欲な方です。世界中の知能指数（ＩＱ）の高い人たちの集まり「メンサ」の活動に関わっていたのも、その探究心からでしょう（彼自身のＩＱもかなり高い、というのも事実ですが）。前述したＢＢＣの番組は、この活動が縁で実現した企画だそうです。

実は、それまでブザン氏は、マインドマップを人に教えることはありませんでした。頭脳開発に関してはさまざまな活動をし、論文も残していましたが、マインドマップ自体を教えたり広めたりといったことはしていなかったのです。しかし、ＢＢＣの番組の反響が思いのほか大きかったので、彼は番組をもとにした本を書くことになります。こうして、マインドマップを世に広めるブザン氏の活動がスタートしたのです。

著書は話題となり、しかも好意的な意見ばかりだったので、ブザン氏も気をよくしたのですが、多くの人がマインドマップを絶賛しながらも、実践した人は非常に少なかったそうです。それを知ったブザン氏は、もっとマインドマップを広め、ひとりでも多く人に実際に描いてもらうために、世界各地での講演活動を始めました。

もともと記憶力向上のために開発したものですから、ブザン氏は記憶や学習のためのツールとしてマインドマップを紹介していきました。しかし、マインドマップが世界に広がり、より多く人が自ら描くようになると、記憶や学習以外の場面でマインドマップを活用する人も出てきました。発想のためのツールとして使ったり、マインドマップでスケジュール管理をしたり……。自分が考えてもいなかったマインドマップの可能性の広がりに、ブザン氏自身も驚いたといいます。

こうして、マインドマップは真の意味で「脳の取扱説明書」となっていきました。記憶や学習などのインプットだけでなく、アイディアやプランづくりといったアウトプットにも活用でき、管理やチェックのためにも使える万能ツールへと発展したのです。

開発者のブザン氏は、70歳を超えた今もマインドマップを広め続けています。

ふだん使いのマインドマップ

トニー・ブザン氏が開発したマインドマップが日本で広く知られるようになったのは、ブザン氏の著書『ザ・マインドマップ』が翻訳出版されたことがきっかけです。翻訳者が著名コンサルタントの神田昌典氏だったこともあり、特にビジネスパーソンを中心に広まっていきました。

しかし、マインドマップは、ビジネスパーソンだけに有効なツールではありません。むしろ、日常の場面にこそマインドマップを積極的に使うべきだと、わたしは考えています。「ふだん使い」というのは、具体的に言うと、たとえばマインドマップを買い物リストにしたり、マインドマップで旅行プランを組み立てたり、あるいは夫婦の相談事（家事の分担とか育児方針とか）に使ったり、予定表やＴｏ Ｄｏリストとして使うこともできます。

マインドマップは、中央にメインテーマを描き、それをどんどん細かく分解していくような作業です。メインテーマから出てきた太い枝（「メインブランチ」と言います）を、まずは中くらいの枝に分解し、その1本1本を細い枝に分解し、さらに細い枝に分解し……ということを繰り返します。そうすることで、ひとつのテーマをさまざまな視点から隅々まで検証することができます。しかも、それらすべてを1枚の紙に描き出すので、全体を俯瞰できるだけでなく、つながりを意識して眺めることもできます。

また、それぞれの枝でつながっているので、分解していった過程がひと目でわかります。細い枝の先にある単語も、それがどの枝から出てきたのか、さらにそのもとにあった太い枝は何か、といったことがすぐにわかるのです。マインドマップ誕生の原点である記憶術と同じように、すべてが「紐づけ」されている、とも言えるでしょう。

マインドマップが頭の中を整理する

マインドマップとよく比較されるのが、箇条書き形式のリストです。テーマについて書き出していく、という点では同じですが、その結果は大きく異なります。どこがどう違うのかを見ていきながら、マインドマップのすばらしさをご紹介したいと思います。

まず、マインドマップのいいところとして、わたしがいつも実感しているのが、追加が簡単という点です。買い物リストでも旅行計画でも「今日やること」といったテーマでも何でもいいのですが、あれこれ考えているうちに、「あ、そういえばこれもあった」ということはよくありますよね？

箇条書きの場合、すでに書いたリストに追加しようとすると、どうしても見づらくなってしまいます。追加が1つとか2つだったら何とかなるでしょうが、たくさん追加したくなったり、カットしたいものが出てきたりすると、ゴチャゴチャしてきて書き直したくなります。で、書き直しているうちに、さっき思い出したことを忘れてしまう……なんて経験はありませんか?

でもマインドマップなら、思いついた時に思いついたままに追加することができます。たとえスペースが狭くなっていても、余白があるところまで枝を伸ばせば、いくらでも描き足せます。また、中央から放射状に描き広げていくので、紙の四隅までいっぱいに使うことができます。同じサイズの用紙なら、箇条書きよりも、純粋にたくさんの情報を書き込めるのではないかと思っています。

また、「枝を伸ばす」という動作を行うことで、自然と「この先には何があるかな?」と考えるので、忘れていたことを思い出したり、それまで思いつかなかったことを思いついたりします(この利点を生かしたのが、発想法としてのマインドマップです)。頭に浮かんだものを枝でつないでいくことで、「そういえば」という思いつきが促されるのだと思います。これによって、うっかり忘れや漏れが少なくなります。

そうして描き出したマインドマップを見てみると、頭の中でゴチャゴチャしていた色々な情報が、きれいに整理されていることに気づきます。中央のメインテーマから、重要な要素が太い枝で出ていて、そこから出ている枝には、より具体的で細かな要素が乗っています。「枝」によって、自然と振り分けられているのです。マインドマップが自分の代わりに整理してくれる、と言ってもいいかもしれません。

マインドマップは「魔法のツール」ではない

ここからわかることは、マインドマップは、何よりも「描く」ことが大事だということです。描く作業自体が、頭の中を整理し、問題解決につながるヒントを見つけ出すきっかけになるのです。だから、描かないことには何も始まりません。

だからと言って、ただ放射状に描けばいいというものでもありません。「マインドマップを描きさえすれば、何か（ヒントなり答えなり）が見えてくる」と思っている人も多いのですが、そうではないのです。何のために描くのか、描いてどうしたいのかをしっかりと理解し、頭を使って描くことに意味があります。なぜなら、知らないことは描けないからです。忘れていたことを思い出させてくれることは多々ありますが、マインドマップは、まったく知らない情報までも与えてくれる「魔法のツール」ではないのです。

しかし、頭の中を整理してくれるということは、自分に足りないものを教えてくれることでもあります。マインドマップを描くことで、自分が「知らないこと」を知ることができるのです。もしかすると、そこから答えやヒントにつながっていくかもしれません。

自分の思考をそのまま描き出せる・思い出せる

箇条書きのリストを書こうとすると、無意識のうちに頭の中で「整理」していませんか? 上から〝ちゃんと〟並ぶように順番を考えたり、グループ分けを意識したりして、なんとなく「きれいに書こう」という意識が働いてしまいがちです。それでかえって頭の中が混乱したり、書き上げたはいいけど、あとから見返すとよくわからなかったり、なんてことにもなります。

一方マインドマップは、自分の思考にしたがって自由に描くことができます。ひとつの枝から出る細い枝は何本でも構いません。さらに細い枝が必要なものもあれば、それ以上は必要ないものもあるでしょう。それでOKです。ひょっとすると、メインブランチ（最初の太い枝）が1本しかないマインドマップになるかもしれませんが、それを見たら、「このテーマから掘り下げるべき内容はひとつしかない」ということがわかるのです。

また、マインドマップは追加が簡単だという話をしましたが、反対に、途中でカットしたくなった場合は、修正ペンなどで消さずに、×印を書いたり二重線で消したりして、そのまま残しておきます。それによって、あとから自分の思考プロセスをたどることができるのです。「これを思いついたけど、やっぱりやめようと思ったんだな」とわかれば、「なぜやめようと思ったのか」まで思い出せるはずです。

マインドマップには、自分の思考がそのまま反映されています。だから、それを思い出すのも簡単です。箇条書きの場合、「リストの3番目にあったのは何だっけ？」「この項目の下には何が書いてあったんだっけ？」なんて思うことはありませんか？　無理に整理して書こうとしたばっかりに、書いた本人でも思い出せないものになってしまうのです。

マインドマップは自分の思ったままに描いてあるわけですから、思い出す時にも、自分なりの思考に従えば、無理なく思い出すことができます。バラバラではなく枝でつなげていることで、必要なことを漏れなく思い出すこともできます。文字どおり〝芋づる式〟に思い出せる、というわけです。

思い出す際にとても役に立つのが、色と形です。この本に載っているマインドマップを見ていただければわかるように、マインドマップはとてもカラフルです。「たくさんの色を使って描く」ことはマインドマップの大事なルールのひとつなのですが（詳細は175ページ）、このカラフルな色と、そして中央から縦横無尽に伸びた枝によって、全体を視覚で記憶することができるのです。

そうして、「たしか右下のほうに書いてあったな……赤いペンだったから、そのメインブランチは△△で……隣には○○って描いてあったから……！」というふうに、脳に無駄な負荷（ストレス）をかけることなく思い出せます。もともと記憶のために開発されたマインドマップですから、覚える・思い出すが得意なのは当然ですね。

ゴチャゴチャな日常を視覚化する

思いつくままに描いていったマインドマップを見てみると、自然と枝が振り分けられ、情報が整理されています。でも、どこかゴチャゴチャとしています。

それが人の頭の中なのだと思います。頭の中にあるすべての情報が、箇条書きのようにきれいに並んでいる人なんていないでしょう。あらゆる情報は、それぞれにつながりをもっていますが、そのつながり方は人それぞれです。他の人からは（もしかすると自分自身でも）考えられないようなつながりをしていたり、あっちとこっちと全然違うところにつながっていたりするものです。

そして、日常生活というのはゴチャゴチャしたものです。考えるべきことがたくさんあります。家族がいたらなおさらです。そのゴチャゴチャを、ゴチャゴチャのまま視覚化できるのがマインドマップなのです。ゴチャゴチャでありながらも、色と枝によって整理されているので、あとで見返しても理解できますし、他人にも理解してもらいやすいです。

というのも、マインドマップに描くと、理屈や論理に頼らず感覚で理解することができるからです。これは、マインドマップが子どもにも適している大きな理由のひとつです。

たとえば、ＡとＢがつながっている理由はわからなくても、枝がその２つをつないでいれば、「つながっている」ことは理解できます。同じ色で描かれたものには、何らかのつながりがあるとわかります。また、太い枝から細い枝が出ているのを見れば、より大きな要素から小さな要素に分かれていることも、簡単に理解できるでしょう。

つまり、そのテーマ全体の構造や仕組みがわかるのです。テーマを体系的に理解できる、という言い方もできるでしょう。実は、マインドマップには「構造化」というルールがあるので、それを守って描いたマインドマップを見れば構造がわかる、というのは当たり前のことかもしれません。

しかし、これによって、マインドマップにさらに大きな強みが加わります。それは、「伝えられる」ということです。自分の描いたマインドマップを他人に見せて、自分の考えを理解してもらうことができるのです。たとえば「今年の夏休みは沖縄に行きたい」理由を、なぜそう思うのか、沖縄のどこがいいのか、どんないいことがあるのか……あれこれ説明しなくても、マインドマップを見せるだけで、自分の思考を相手にも順を追って追体験してもらうことができるのです。

つまり、マインドマップはコミュニケーションにも活用できるのです。自分の頭の中をありのままに映したマインドマップは、なかなか言葉にはできない思いや、口では説明できないようなことも、すべてまとめて、しかも、きちんと主題につなげた形で相手に伝えられる、究極のコミュニケーションツールなのです。

マインドマップは究極のコミュニケーションツール

マインドマップは、人と人とのコミュニケーションにも大いに役立ちます。その理由を、ここで説明していきましょう。前項で述べたように「伝える」力をもっている点も大きいのですが、何よりも「マインドマップを見れば相手のことがよくわかる」という点が挙げられます。なぜなら、マインドマップは嘘をつけないからです。

初対面の人に会った時、どんなところから相手のイメージをふくらませていくでしょうか？　見た目（表情や服装）、話し方（スピードや声のトーン）、話す内容、しぐさやマナーといった点で、その人の人となりを知ることが多いのではないでしょうか？　でも実際は、それらだけではわからない部分のほうが多いのです。

たとえば、こんな男性をイメージしてください――眉がグッと上がっていて髪は角刈り。挨拶は「ハイッ」と大きな声でハキハキとしています。話す内容は謙虚で、もちろん敬語。どんなことがあっても他人の悪口は言わず、誰に対しても尊敬の気持ちを示します。

まるで武道家のようなこの男性が描いたマインドマップが、枝は細く、色もパステルカラーばかりだとしたらどうでしょう？　「この人は、見た目は硬派だけど、意外と繊細な性格なのかもしれない」と思うのではないでしょうか？　男性をよく知っていくにつれ、その思いは確信に変わっていくことでしょう。

つまり、「その人らしさ」や「人間性」「本質」といった部分を、マインドマップから感じ取ることができるのです。外見的な要素や挨拶程度の会話よりも、数枚のマインドマップを見たほうが、その人の人柄をより正確に把握することができるというのは、実はよくあるケースです。

マインドマップで「人を知る」

マインドマップ全体の印象だけでなく、細かい描き方や描いている内容からも、描いた人の人柄がうかがえます。枝（ブランチ）の描き方からは、性格の傾向がわかります。枝の太さは主張の強さを表すことが多く、長さには決断力や気の長さが、カーブの大きさには性格の振れ幅が現れることが多いのです。

こういったことは、わたしがこれまでインストラクターとして、他のインストラクター仲間や講座の受講生の方々、そしてイベントなどに参加してくださった多くの方々の、何万枚ものマインドマップを見てきた経験から得た印象です。それほど見当違いなことではないと思っています。

同じことが色使いにもついても言えます。もちろん、カラーペンが十分に手元にあるかどうかも大きな要因になるでしょうが、それでも、たとえば同系色を並べようとしたり、あるいは反対色を並べたりといった違いが見られます。「たまたま手にしたペンで描いた」という人もいれば、「色合いを選びながら描いた」という人もいるでしょう。

枝に乗せる単語（言葉）からは、「思考（嗜好）」の傾向が見て取れます。漢字を多用する人、和語中心でひらがなが多い人、あるいは擬音語をたくさん使う人など、さまざまです。また、マインドマップに描くテーマ、つまり何のマインドマップを描くかを見れば、その人がどんなジャンルに興味があるかが一目瞭然です。それ以外にも、紙一面に枝を描いて文字を乗せるか、空間を残してゆとりをもってマインドマップを描くか、といった点でも脳内の状態が把握できます。

極端な場合、「相性もわかる」と言えるでしょう。自分が「いいな」と思えるようなマインドマップを描く人とは、抵抗感なくコミュニケーションできますが、反対に「こういうマインドマップはちょっと苦手かも……」「なんかダメ……」と感じたら、その人とは、いくら他の条件が気に入っても、深く理解し合うことは難しいかもしれません。

「マインドマップなんてどれも同じでは？」と思う方は、2～4章を見てみてください。そこで紹介しているのは、わたしの講座の受講生の方々から提供していただいた、〝生の〟マインドマップ例です。ひとりひとり、まったく違うと思いませんか？　もし「似ている」と思うものがあったら、それはきっと同じ方のマインドマップです。

このように、マインドマップを見ることで、その人の性格・本音・意欲・知力・思考パターン・センスなど、あらゆることがわかります。もちろん、たった一枚だけですべてを正確に知ることはできませんが、外見や話し方だけで判断するのとでは、その理解度は大きく違ってきます。つまり、相手をよく知るために時間や手間をかけて交流を重ねなくても、短期間で、より正しく相手を理解することが可能なのです。

相手をきちんと理解していれば、本当に話したいこと、伝えたいことを手早く無駄なく伝えられるようになり、より深いコミュニケーションへと発展できます。また、相手の強みを生かす、苦手な部分をサポートするといったことも、本人の自己申告がなくても、事前に予想して対策を取ることが可能です。

マインドマップで「伝える」

漠然とした感情や感覚を表現しやすいという点も、マインドマップがコミュニケーションツールとして有効な理由のひとつです。わたしの講座を受講したFさんの話をしましょう。彼女は口数も少なく、穏やかな人柄です。「周囲の人と積極的に交流するのが苦手」というのが、マインドマップを学びたいと思った理由だと話していました。

講座が進み、みんなでワークに取り組むうちに、Fさんの周りに受講生たちが集まるようになりました。何が起きたのかというと、Ｆさんの描くマインドマップがとても魅力的だったのです。彼女の描いたセントラルイメージは、イラストレーターが描いたのではと思えるほどの自画像。枝（ブランチ）もその上に乗った単語も、セントラルイメージ同様、柔らかな線とバランスのとれた仕上がりです。

自分から人に話しかけるのは苦手と言っていたＦさんですが、ふだん感じていることや考えていることが、そのマインドマップ上に表現されていたのです。つまり、他の受講生たちは、Ｆさんの描く美しいマインドマップ自体というよりも、そこから感じ取れる彼女のメッセージに惹かれて集まっていたのです。

相手のことを考えるあまり、ついつい自分の意見を引っ込めてしまいがちだったというＦさん。マインドマップを描いたことで、Ｆさん自身も、自分が伝えたいと思っていることを確認できたのです。それだけでなく、言葉では表現しにくいと感じていたことも、イラストを使って表現したことで、周囲の人に伝わったという実体験が、彼女の自信になっていきました。

マインドマップで「共有する」

「今の気持ちを、どんなふうに言ったらいいかわからない」「この感じ、なんて説明すれば伝わるだろう?」こんな感覚をもったことはありませんか? この「言語化しにくい」感覚というのは、多くの場合、個人の過去の体験や経験に基づくものです。人がなにかを考える時の前提条件ともいえるでしょう。

たとえば、「忙しい」という言葉を使う時にも個人差があります。事務処理能力とか管理能力といった個人の問題だけでなく、日ごろの状態との比較もありますし、過去の経験と比較する場合もあるでしょう。「この数値がここまできたら『忙しい』、それ以下なら『忙しくない』」なんて明確に説明できる人がいるでしょうか? 自分では間違いなく「忙しい」と感じていても、それを他人に言葉で伝えるのは非常に難しいことです。

自分では「それほど忙しくない」と思っていても、周りの人は「目が回るほど忙しい!」と言って右往左往している……なんて経験があるかもしれません。こうした場面で、自分の前提条件(それほど忙しくない)だけで話を進めても、うまくコミュニケーションをとれるはずがありません。あなたには、相手がなぜそんなに慌てているのかわからないでしょうが、相手(前提条件=目が回るほど忙しい!)は、あなたがなぜそんなに悠然としているかわからないのです。

どちらの感覚が正しいかという問題ではありません。相手の前提条件を無視して主張していると、「自分の考えを否定された」とか「相手の意見を押し付けられた」といった感情的なもつれにつながる危険があるのです。そうなってしまえば相互理解など程遠く、ぎくしゃくした関係になってしまうことでしょう。

互いの考えを理解し、尊重し合えるようなコミュニケーションを成立させるためには、互いの気持ちを共有することが大切です。たとえ理解できなくても、相手がそう思っていると知ることが、思いを通わせるための第一歩なのです。「どんなことが忙しいのか?」「どんな忙しさなのか?」「いつもと何が違うのか?」などをマインドマップで質問して、答えていくことで、一方的な主張を押し付けることがなくなります。

同じことを対話でやればいいじゃないか、と思うかもしれませんが、まったく違います。口頭だと、いちいち〝余計なこと〟を言ってしまいがちなのです。「どんなことが忙しいのか?」に対する相手の回答を理解できなかったら、「それはおかしい」とか「そんなの間違っている」などと言いたくなってしまいませんか? そんなことを言われたら、相手だって「おかしいのはそっちだ」「そっちのほうが間違っている」と言い返して……とてもスムースなコミュニケーションとは言えません。また、「どんなところが?」「どんなふうに?」と繰り返し聞かれたら、まるで〝事情聴取〟のように問い詰められている気分にもなります。

マインドマップには「1ブランチ1ワード」というルールがあります。ひとつの枝（ブランチ）にはひとつの言葉しか乗せてはいけないのです（詳しいルールは186ページ参照）。だから、「どんなことが忙しいのか?」と質問されたら（枝に乗せる時は「どんなこと？」と書きます）、「家事」とか「勉強」といった回答が出てくるでしょう。もしそれが理解できなければ、今度は「なぜ？」と枝を伸ばしていくのです。それを繰り返すことで、思ってもみなかった感覚を相手が抱いていることに気づいたり、相手自身も自分で気づいていなかった複雑な事情が明らかになったりするのです。

さらに、〝話す〟のではなく〝描く〟という点も重要です。相手からの発言を見守るような雰囲気を作りますし、マインドマップにすべてを描き残していくことで、話し合いの全体像をつねに俯瞰できます。全体を眺めてみれば、「家事が忙しい」と思っていたのは、実は別のところに原因があった……なんてことがわかるかもしれません。

互いの考え方の違いを理解することが、心地よいコミュニケーションにつながります。その第一歩として、マインドマップを使ってみることで、互いの前提条件に違いがあることが理解できるのです。自分の意見を主張することが悪いという話ではなく、相手の意見も汲みながら具体的な共通項を見出していくことをスムースに行えるのが、マインドマップというツールの利点なのです。

身近な人とのコミュニケーション

コミュニケーションについて考える時、それは多くの人にとって、身近な人とのコミュニケーションではないでしょうか？　配偶者やパートナー、両親や子ども、親しい友人など、ふだん自分のすぐ近くにいる人だからこそ、スムースで心地のよいコミュニケーションを求めます。仕事においても、より近しい同僚や直属の上司とのコミュニケーションのほうが、あまり接しない人よりずっと重要です。しかし関係が近いからこそ、なかなかうまくいかないことも多いものです。

仕事でもプライベートでも、コミュニケーションでつまずいてしまうのは、相手の理解と自分の理解が異なるからです。相手の話を理解できなければ、関わり自体を面倒だと感じてしまいます。自分では理解できたと思っていても、すれ違いが生じる場合もあります。小さなすれ違いが積み重なると、大きな誤解につながっていきます。

また、身近な人とのコミュニケーションについて特に言えるのは、ついつい甘えが出てしまうという点です。「理解してくれるだろう」とか「理解できないけど、まあいいや」とか、すれ違いに対するハードルが下がってしまうのです。あるいは、互いの意見が食い違った場合、関係が浅いうちなら何とか共通点を探そうと努力しますが、そのうちに相違点のほうが気になって、理解するどころか反発するようにもなっていきます。

関係が良い時はそれでも問題ありませんが、一度うまくいかないなと感じ始めると、甘えや反発の感情はどんどん増長してしまいます。そんな事態を避けるために、ぜひマインドマップを活用してください。

マインドマップで育児不安解消

わたしの受講生で、感動的なエピソードをお持ちの方がいらっしゃいます。

その男性は、「マインドマップを学びたい」ということで講座にお申込みされていました。講座中、「このマインドマップで育児不安とかも解消できますか？」と質問されました。前職が保育士だったこともあり、わたしは「すごく効果的です。どんなことが不安で、そのために何ができるのかを客観的に捉えることができますよ」と即答しました。

詳しくお尋ねすると、お子さんが産まれて半年くらいなのですが、奥さんの育児不安が大きいとのこと。そんな奥さんを心配して、マインドマップで育児不安を解消できるのでは、と考えて受講されたそうです。

結果的に、奥さんはマインドマップ講座を受講されることはありませんでした。それは、育児不安にマインドマップの効果がないからではありません。受講しなくても、ご夫婦でマインドマップを描いてみたら、奥さんの育児不安が解消したからなのです。

このご夫婦の場合、ご主人は「子どもが産まれてから、妻は子どもの育て方に関して心配しすぎてナーバスになっている。できるだけ妻のやりたいようにやれるよう、口出しは控えておこう」と考え、そのように接していました。

一方、奥さんは、「子どもが産まれてから、夫はわたしに母親としての理想ばかりを求めてくる。わたしとしては今までのように夫婦で仲良くしつつ、子育ても楽しみたいし、どんな子になってほしいか一緒に考えていきたいのに、『好きなようにしていい』なんて父親や夫としての役割を放棄しているみたい」と感じ、不満に思っていたのです。

子育て中は、特に相手（夫や妻）に望むことが過剰になります。慣れない育児に対する不安から、気持ちの余裕を失いがちで、相手に対して不満や要求が多くなります。そんな時にマインドマップを描いて、互いのやりたいこと、やってほしいことを夫婦で共有できれば、尊重し合い、いたわり合える関係性を築いていくことが可能になるのです。

マインドマップで親子の会話力アップ

独立するまでの20年間、わたしは保育士をしていました。現在ではマインドマップの親子講座も積極的に開催しています。それらの経験の中で、たくさんの親子を見てきましたが、関係が良好な親子というのは、相手のことを理解しよう、尊重しようという気持ちが互いに伝わり合っています。

反対に、ギスギスした親子の場合、親が自分の意見を子どもに押し付けようとしていたり、子どもの意見を頭ごなしに拒否したり、否定したりしているケースが多く見られます。

そうなると、当然のことですが、子どもだって反発したくなるものです。

多くの場合、幼稚園・保育園は送り迎えがあるので、子どもがどんなことをしているのか把握しやすいですが、小学校に入学し、友だち関係が広がっていくと、それがどんどんわからなくなります。「今日は何をしたの？」と聞いても、「遊んだ」とか「○○に行った」と返されるだけで、なかなか会話も続きません。そのうち互いに会話するのも面倒になって、ますます子どものことがわからなくなっていく……なんてことになりがちです。

子どもはたくさんおしゃべりしてくれるけど、親のほうにはそれを受け止める余裕がない、なんて場合もあります。仕事から疲れて帰ってきたあとに、子どもの話をじっくり聞いてあげるのは、たしかに大変です。ついつい聞き流してしまい、相づちも適当になりがち。でも、子どもは親のそういう態度に敏感です。親がいいかげんな反応しかしてくれなければ、子どもだって楽しくないので、そのうち何も話さなくなります。

だからといって、親のほうからあれこれ質問しすぎると、子どもは自分のペースで話すことができません。子どもに限った話ではありませんが、せっかく楽しく話しているのに、いちいち口を挟まれたら、イライラして、話すこと自体つまらなくなってしまいますよね？　そして、「もういいよ！」と言って話をやめてしまうこともあるでしょう。

そうなってしまう前に、ぜひ親子でマインドマップに取り組んでみてください。「親子のコミュニケーションに生かそう」などと難しく考える必要はありません。子どもが何をして、何を考え、どんなふうに感じたのかを知るための手段のひとつとして、マインドマップを描かせてみればいいと思います。言うまでもなく、押し付けは禁物。子ども自身が積極的に取り組めるようなテーマを選んで、自由に描かせてあげましょう。

特におすすめなのは、「運動会」や「遠足」といった学校行事の思い出をマインドマップにまとめることです。「学校のこと」とか「楽しいこと」といった抽象的なテーマは、子どもには難しくて、なかなかイメージも言葉も出てきません。より具体的に思い出せて、なおかつ楽しく描いていけるようなテーマを用意してあげましょう。

親子講座を受講したあと、お子さんが、林間学校の思い出をマインドマップにしたという話を聞きました。どんなことをしたのか、何が楽しかったのかが具体的によくわかって、子どものことをより理解することができたと、お母さんから報告していただきました。「キャンプファイヤーなどのイベントよりも、食べた物についての枝が多かったのが、食いしん坊の息子らしいと思いました」とのことです。

マインドマップを使って子どもの成績を向上させたい、という問い合わせもよくいただきます。しかし、勉強だけに使うことを考えるよりも、まずは、楽しんで描くことが大切だと、わたしは考えています。子ども自身が主体的にマインドマップを描けるようになってから、「それって勉強にも使えるんじゃない?」と促していくほうが、抵抗感も少なく、子どもも喜んで取り組むようになっていくと思います。

マインドマップがすれ違いを埋める

何気なく発した一言が、自分が意図したものとは違った受け止め方をされて戸惑ってしまった、という経験はないでしょうか？　気軽なおしゃべりだったら、笑っておしまいですが、時に大きな誤解につながる場合もあります。

たとえば、「最近、眠れないんだよねえ」という一言から、どんなことを想像するでしょうか？「楽しいことがいっぱいで、寝る間も惜しいのかな？」「仕事が大変で、寝る時間もないくらい忙しいのかもしれない」などが考えられますが、実は「近所で深夜工事をしていて、騒音が気になって眠りが浅い」のかもしれません。

マインドマップは、ひとつのテーマをいくつかに分解し（メインブランチ）、そこからさらに細かく枝（ブランチ）を分けていく、という作業です。たとえば「リンゴ」というテーマなら、最初に「果物」「赤い」「丸い」といったメインブランチに分けられます。次に、「果物」から「バナナ」「みかん」「スイカ」など他の果物を枝として伸ばしていくことができます。そして、さらに「バナナ」から「長い」「白い」などと伸びていって……ということを繰り返すのです。

どんなことについても「その先に枝を伸ばす」ことを考える作業、とも言えるでしょう。

この思考の癖がついてくると、日常のコミュニケーションにおいても、相手の言葉を表面的に捉えることが少なくなります。友だちが「最近、眠れない」と言うのを聞いたら、「なんでだろう？」「どんな理由が考えられるだろう？」「隣にマンションができる言っていたから、ひょっとしたら騒音が原因かもしれない」というふうに、どんどん掘り下げて想像をふくらませていけるのです。

また、マインドマップには、自分の思考パターンがよく反映されます。それよって、自分の思考には、他の人とは違うユニークさやオリジナリティがあることを実感できます。ということは、自分以外の人にも、それぞれに思考パターンがあり、自分とは違うユニークな思考があることを知るのです。「リンゴ」から「果物」「赤い」「丸い」というメインブランチを伸ばす人もいれば、「ジュース」「パイ」「飴」を連想する人もいるのです。

この違いを、マインドマップによって実感をもって知ることができれば、自分の理解の範疇だけでわかった気になったり、決めつけたりすることがなくなります。ささいな一言でも、「この人は、どんな意味で言っているんだろう？」と、相手の〝脳内地図〟に興味をもつことができるようになるのです。

どんなに相手のことを思っていても、的外れではコミュニケーションは成り立ちません。「きっとこうだろう」「自分だったらこう考える」と一生懸命に考えたところで、自分にとっての当たり前と相手にとっての当たり前は、思っている以上に大きく違っているものなのです。憶測だけで突き進んだら、大きな亀裂に発展しかねません。

そのすり合わせに役立つのが、マインドマップなのです。先に紹介した、奥さんが育児不安に悩んでいた男性からは、のちにこんなメールをいただきました。「互いが今何を考えているか、相手に何をしてほしいかなどが明確になり、この先について前向きに話し合うことができました。改めてコミュニケーションツールとしてのマインドマップの素晴らしさを実感しました」

マインドマップを身につけることで、あらゆる可能性に目を向け、より具体的に物事を考えていく力が身につきます。「無限の広がりをもった思考力」と言っても大げさではないでしょう。「言っても伝わらない」「何を言っているかわからない」とあきらめる前に、相手を真に理解し、相手の話にじっくりと耳を傾けることで、すれ違いのない良好なコミュニケーションを築いていきましょう。

マインドマップの基本のき

マインドマップを描く際には、いくつかのルールがあります。もし、あなたが「今すぐマインドマップを描いてみたい！」と思っているのだとしたら、このまま5章に飛んでいただいて、以降の詳しいルールを読んでください。

でも、とりあえずマインドマップがどういうものなのか、どんなふうに日常生活に活用するのか、どうすればコミュニケーションに役立てられるのか……といったことを知りたいのでしたら、まずはだいたいのところを知っておいていただければ大丈夫です。

では、2～3ページのマインドマップを見ながら、簡単に説明していきましょう。これは、わたしの自己紹介のマインドマップです。読者のみなさんに、わたしがどんな人間かを知っていただくために描きました（ご覧いただくとわかるように、マインドマップ以外にも、コーチングや子育て支援などもしております）。

マインドマップは、基本的に無地の用紙に描きます。サイズはA4かA3サイズで、それを横向きにして使います（慣れてくると、手帳などに描くこともあります）。中央にあるのが、テーマを表した「セントラルイメージ」です。ここが思考の出発点。

わたしの場合、講座などでキャリーバッグを持ち歩くことが多いので、その自分をイラストにしました。ただ、必ずしも絵である必要はなく、写真を貼り付けたり、文字や抽象的な図柄だけの場合もあります。

そのセントラルイメージから四方にうねうねと出ている曲線が「枝（ブランチ）」です。これでテーマをどんどん分解して考えていくのです。セントラルイメージから直接出ている太い枝は「メインブランチ」と呼びます。テーマについて最初に分解したものです。そこからさらに連想するものを、思いつくままに枝にして伸ばしていきます。

テーマを分解したら、実際に「単語（言葉）」にして枝の上に書きます。その時に重要なのが「1ブランチ1ワード」のルール。たとえば「リンゴ」の先に枝を伸ばしたかったら、「赤い果物」とまとめるのではなく、「赤い」と「果物」をそれぞれ別の枝にして伸ばすのです。「赤い果物」では、その先に生まれる思考は限られてしまいますが、「赤い」「果物」なら、それぞれいくらでもイメージをふくらませられます。

また、見ておわかりのとおり、たくさんの色が使われています。これは、描いた人（わたしです）がカラフル好きなわけではなく、マインドマップの重要なルールのひとつなのです。とにかくカラフルに！　実際、メインブランチごとに色分けされていることで、全体の構造がひと目でわかりやすいですよね？　それに、「次は何色を使おうかな？」と考えながらの作業は、とても楽しいですよ。

もうひとつ重要なルールが「構造化」です。わたしのマインドマップを見てみてください。セントラルイメージから5本のメインブランチが出ていますが、この枝は、ほかの枝よりずっと太くなっています。そして、メインブランチから出ている枝がやや太く、その先の枝は細いペンで描かれています。

このように階層を作ることで、重要度がひと目でわかるのです。逆の言い方をすると、マインドマップを描く時は、重要な要素から、どんどん細かい要素になるように分解していく、ということです。また、そう意識して描いていった結果、出来上がったマインドマップを見てみると、全体の構造や仕組みがわかるということもあります。

ひとまず知っておいていただきたい基本ルールは以上です。このマインドマップは、インストラクターであるわたしが描いた「お手本」ですが、次の章からは、一般の方々のマインドマップを見ていただきます。ここで説明した基本ルールを、実際どのように守っているのか、あるいは、どうアレンジをしているのか、大いに参考になるヒントがたくさんつまっています。

2

みんなのマインドマップ
活用例①　日常生活で

マインドマップが日常使いに有効であることをあれこれと述べてきましたが、何よりもわかりやすいのは、実例を見ていただくことでしょう。ここからは、実際にマインドマップを日常生活に活用している方々の例をもとに、具体的にどんな場面でマインドマップを活用できるのか、見ていきたいと思います。

マインドマップは、どんな場面に使うのが正解かなんてことはありません。どんなことに使っても構わないのです。とは言うものの、講座で「こんな場面でも使っていいんですかね？」といった質問を受けることが多いのも事実です。どんな場面にでも使っていいんだ、という安心感をもっていただくためにも、色々な方の色々な(文字どおりカラフル！)マインドマップを見て、楽しみながらヒントを得ていただければと思います。

まずは、プライベートの場面におけるマインドマップの活用例です。緊急時のマインドマップから、ランチのお店選びにマインドマップを使った例まで、その人の生活が垣間見られるようなバリエーションに富んでいます。

緊急時対応のマインドマップ

最初に紹介するマインドマップは、非常時における家族のコミュニケーションから生まれたマインドマップです。

しかし、「非常時」と言うには大きすぎる地震でした。事例を提供してくださったIさんともなかなか連絡がとれず、心配していました。Iさんは宮城県在住。２０１１年3月11日の大地震の後しばらくして、ツイッターでつぶやきが確認できた時には心からホッとしたものです。

地震の衝撃で携帯電話の調子が悪くなったのか、はたまた電波の都合なのか、ただ写真がアップされるのみでしたが、そこから伝わる地震の影響の大きさには息を呑みました。家の中には大きな家具が倒れています。食器棚の中も、「ぶちまけられている」という表現が思い浮かぶような散乱ぶりでした。小学生のお子さんがいらっしゃるので早々に片付ける必要があるけど、どこから手をつけたらわからないような状況だったと思います。

とりあえず夜は「寝る場所の確保」をして、翌朝、ご夫婦で今後についてのマインドマップを描かれたということです。ご本人のコメントを紹介します。

★Iさん（男性・40代・会社員）

これは、3・11の大震災翌日に、家内と一緒に描いたものです。赤で描いた部分は、震災後に落ち着いてから描き込みました。

3月12日、宮城県大崎市（内陸北部）はライフラインが切断され、情報がまったくない状態。何をどうしていいのかわからない状態で、家族で途方に暮れていました。そんな折、テーブルに白い紙とボールペンを用意して、当面の行動計画を「衣」「食」「住」に分けて考えてみました。出来上がったマインドマップは、壁に貼って確認しながら生活していました。

こんなときだからこそ、何をどうすればいいのかはっきりしていれば、それだけでも安心に繋がるもの。特に、仕事に出るわたし自身ではなく、家にいて片付けや子どもたちの世話をする家内にとっては、なおさらだったのではないかと思います。

赤で描き足した部分は、この数か月を振り返ってみて考えたことです。「必要最低限」と描いたのは、今後再び大きな余震が発生することを考えてのこと。家で使うもの、置いておくものは、相当吟味して「贅肉」をそぎ落としながらの生活を志向していきたいし、そこからさまざまな工夫も生まれてきます。

必要最低限を考えると、結果的に、次に大きな地震があった時、直後の初動に必要なことが見えてきました。

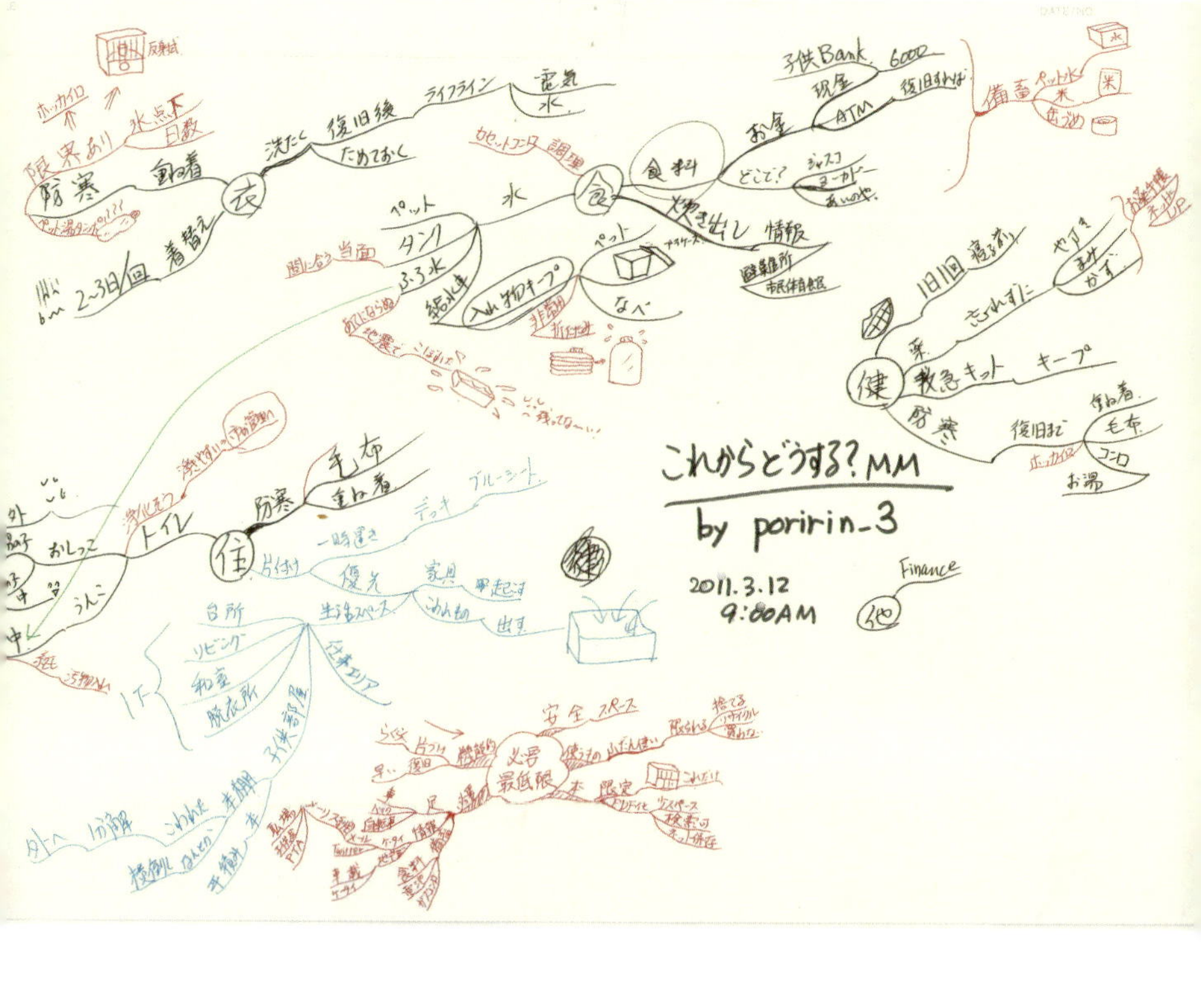
これからどうする？MM
by poririn_3
2011.3.12
9:00AM
Finance

マインドマップを非常時に活用するメリットは、やはり状況を俯瞰できることでしょう。俯瞰できることで精神的な落ち着きも得られます。「とりあえず動いてしまおう」と考えがちな状況で、落ち着かない気持ちを抱えてがむしゃらに動くよりも、「やるべきこと」を把握して「優先順位」や「やりやすさ」を確認できれば冷静に対応できます。

「非常時にマインドマップのルールも何もない！」と思われるかもしれませんが、色分けは効果的だったと思います。特に、赤色で後から付け加えた部分には、描き込んだ日時の違いと同時に、復旧が始まって考えたこと、余震が続く中で感じたこと、今後の生活を再確認したことなどが描き込まれています。Ｉさんのお宅はオール電化だったということで、電気が復旧するまでは、暖房器具を持ち込んでの生活で大変だったそうです。そんな振り返りが、赤色で描いたことでひと目でわかります。

セントラルイメージを「衣」「食」「住」と３つに分けたのは、そのほうが話し合いを進めやすかったからでしょう。「セントラルイメージは絶対ひとつ！」と決まっているわけではありません。１枚の紙の中にいくつかのセントラルイメージがあってもいいのです。もちろん、大きなセントラルイメージを描いてメインブランチを「衣」「食」「住」にする方法もありますが、描きやすいほうを選んでもらえればいいと思います。Ｉさんのケースで言えば、セントラルイメージを複数にしたことが気持ちの切り替えにつながって、より冷静な思考ができたのだと思います。

ところどころに見える顔文字のイラストが、きっと家族の緊張感をほぐしてくれたのではないでしょうか。外でトイレをするなんて、それまでの日常生活の感覚からはありえない判断です。お子さんも理解・納得するまでに時間がかかったことでしょう。戸惑いや不安の入り混じった複雑な心境の中で、ちょっとしたイラストがあることで、互いの気持ちの共有もしやすくなったと思います。

このような場面では、すべてを文字で書くよりも、イラストなどのほうが気持ちもより伝わりますし、その場の雰囲気も和むことでしょう。

マインドマップを紹介するマインドマップ

この事例は、マインドマップを取り入れた理由が魅力的です。大人から子どもまで使えるということは、どんなテーマにでも活用できるということですし、難易度も自由自在です。その時の自分の心理状況に応じて使い分けることが可能なのです。だから、無理なく描き続けることができます。

そんなふうにして描き続け、マインドマップを自分のものにしていったTさんの例です。

★Tさん（男性・40代・会社員）

これは、「マインドマップの魅力」というテーマで描いたマインドマップです。

セントラルイメージは「ほら、誰でも簡単に描けるでしょ」という主題になっていて、メインブランチが4つあります。マインドマップの特徴を簡単に説明した「(マインドマップ）とは」、自分としてのマインドマップを語った「私の知る……」、マインドマップを活用していくにあたっての環境を語った「とりまく環境」、そして、マインドマップをどのように活用していきたいかを記した「始めます」の4つです。

ほらっかけた
マインドマップ
とは
場面
会議
計画
難しいの？
誰でも
キャリア
Free
ハードル
低い
ない
楽しい
目的
1日
すっきり
固定観念
消える
助け
とりまく環境
IT化
事務用品
書画カメラ
電子黒板
デバイス
iPad
みんなで
機会
グループ
交流
大切
伝える
考え
始めます
子供
グループ
MM
ペン色
ワイワイ
いろいろ
ご年配
ビジネスマン
with
歌
ホーム
頭
体操
研修
計画
プレゼン
私の知る…
妻
へんな絵
作文
へえ〜
変化
書き残し
メモ
社外
集まり
良いね
好き
子供へ
勧め
病気
心
楽しくない
Try
毎日
1枚
やりたい事
あきない
生活一部
ミステリアス
可能性

ある時、病気をしてしまった私。気分も落ち込み気味の毎日の中で、一日一枚、自分の心境とやりたいことを中心にマインドマップを描くことを始めました。この、自分自身を見つめ、明日を見つめるマインドマップ習慣が、現在活気ある毎日を送ることができるようになった一助であると感じています。

このマインドマップを会社の同僚にも伝えました。同僚が主催する社外の有志が集まる対話の会では、対話が楽しくなるツールとして好評でした。

マインドマップは家庭でも活用しています。最初は見慣れないものに首を傾げていた家内にも、子どもの作文や読書感想文に便利であることを体感してもらいました。今では家内は「まずマインドマップを描いて」と子どもたちに指導しています。

さまざまな場面で活用できるマインドマップ。これからもマインドマップの魅力をたくさんの人に伝えていきたいです。

常にポジティブで、どんなことに対しても意欲的に取り組めればいいのでしょうが、そんなことは理想であって、現実社会の中ではなかなか難しいものです。「やる気になれないなぁ」とため息をついてボーっとしていると、あっという間に時間は過ぎてしまいます。そして、時間が過ぎてしまったことに、さらに自己嫌悪に陥るものです。いざやるべきことに手をつけても、時間がなくなって満足のいく仕上がりにならないこともあります。

そんな時に、マインドマップで「何をしようかな？」と考えていくと「やりやすいところ」が確認できて「じゃあ、とりあえずそこから手をつけよう！」と思えることがあります。枝をキレイに描こうとしたり、色を塗ったりという単純作業の繰り返しも、ざわついた心を落ち着ける作用があります。

いつものパターンを繰り返しているうちに、「じゃ、やるか！」という気持ちになって取りかかりはじめられるなんてことは、多くの人が体験していることではないでしょうか？　そんなスタートアップのツールとしても、マインドマップは手軽に取り組めるものなのです。

Tさんは、文庫本サイズの手帳に日々描き続けていったとのこと。サイズの小ささも、手軽さにつながったのかもしれません。文字の日記は三日坊主だった人も、マインドマップ日記ならササッと描けて続けやすいでしょう。マインドマップは、難しいテーマにも、簡単なテーマにも対応できる、応用範囲の広いツールです。心や体の状態に応じてテーマを設定できるので、長続きしやすいというメリットもあるのです。

マインドマップで買い物メモ

次は、毎週末に描かれているマインドマップです。

★Nさん（男性・40代・会社員）

一週間にいちど母親と買い出しに行きます。田舎の事情で買い忘れがあると面倒なので、出かける前にメモを作成。行くお店ごとにメインブランチを描いています。ただし、これは「書き出しておく」ことが目的なので、いざ買い物をする時には箇条書きのほうがチェックしやすいのかもしれません。

ちなみに、「ジャスコ」の先に「ジョーシン」があるのは、ジャスコの建物の中にジョーシンの店舗があるからです（ついでに、ジャスコは最近イオンに変わりました）。

このような使い方をしている人は、実は少なくないです。これは買い物のマインドマップですが、日常の細々とした用事を描き出しておくのにも便利ですし、旅行の計画を積み重ねていくという使い方をしている人もいます。Nさんの場合、買い物に行く前に描き出しているようですが、冷蔵庫などにホワイトボードをかけておき、思いついた時に描き

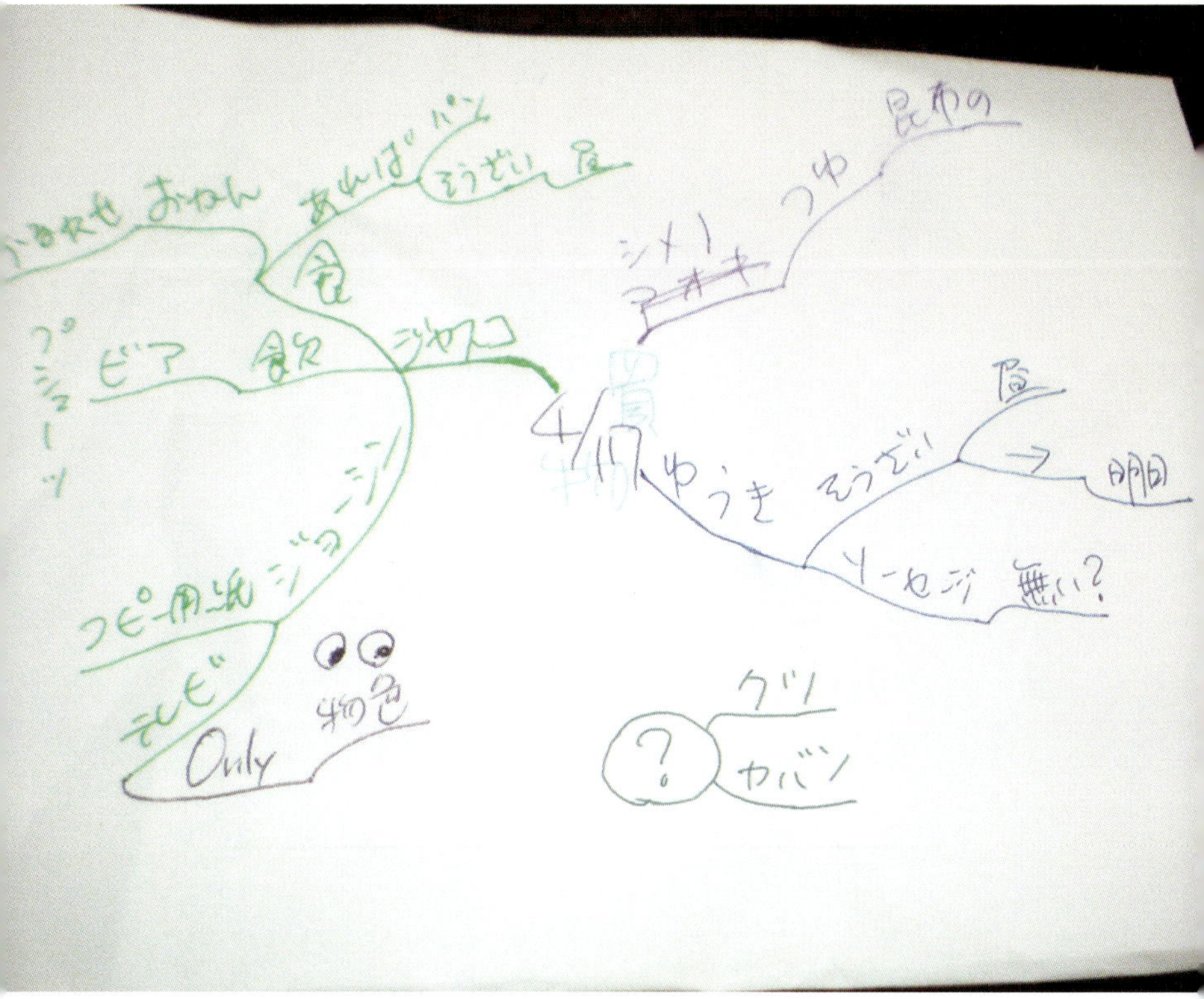
昆布の
つゆ
ジャスコ
ビア
ゆうき
そうざい
明日
ソーセージ
無い?
コピー用紙
テレビ
Only
クツ
カバン

加えていくのも有効だと思います。

また、頻繁に買い物に行っている人なら、食事メニューをメインブランチにする方法もあります。メインブランチがサラダの場合は、必要な素材（レタス、トマト、キュウリなど）がその先のブランチに乗っていきます。作り方の手順なども加えてレシピを兼ねることもできるので、とても便利な使い方です。

単語の先に「レ」をつけたり、小さなマス目を作っておけばチェックリストにもなります。不足しているものを別の色で描いたり、丸で囲んだりといった方法もあります。また、思いついた時に自由自在に描き加えられるのも、大きなメリットです。箇条書きのリストは、あとから書き加える場合にごちゃごちゃしがちですが、マインドマップなら枝をひょいっと伸ばせばいいのですから。

こんな日常使いのマインドマップもおすすめです。

自分を振り返るマインドマップ

次は、「自分にとっての時間とは?」を見つめたマインドマップです。

この本のためにマインドマップの事例を集めていて、多くの人に言われたのが、「あの時（描いていた当時）の感覚を思い出す」ということと、「見直して、さらにわかったことがある」ということでした。箇条書きのノートに情動を揺さぶられることは少ないですが、マインドマップには「その時の感情」を思い出させる効果があるのです。

★Kさん（男性・40代・会社員）

「自分にとっての時間とは?」ということを考えて、過去、現在、そして未来の事を考えて描きました。これまでやったこと、今やっていること、そして、これからやりたいことを整理するのにいいと思います。

マインドマップを学んで最初のころに描いたものです。何かマインドマップを描いてみようと考えたとき、思いついたのが時間のこと。わたしは昔からタイムマネジメントに興味を持っていました。最初に働いた会社でも、自分で仕事のやり方を工夫して、それまで行っていた残業時間を約半分に減らす、ということをやっていました。

時間をテーマにしようと思ったとき、自分の腕にしていたSEIKOの腕時計を見て、「これをセントラルイメージにしよう！」と直感的に決めました。メインの枝は「過去」「現在」「未来」、そして、それらを超越したものということで「超越」の４つにしました。

自分の歴史をMM（マインドマップ）にすると、頭の中にそのときの映像がどんどん浮かんできました。たとえば、「あいつ」というブランチ。「あいつ」というのは、ある方の本の中に出てくる言葉です。この「あいつ」という言葉を見ると、彼の本の中の文章を思い浮かべます。また、自分がその本でこの言葉を知ったとき、「なるほど！」と感銘を受けた瞬間の自分の姿を上から眺めている自分を感じたりします。

それから「SONY」。わたしは最初に仕事を始めた会社がソニーの子会社だったので、ソニーという言葉を見ると、当時一緒に入社した同僚、一緒に仕事をした先輩、一緒に設計を担当した本社の方、仕事で1ヶ月間行ったマレーシア、仲間と一緒にカラオケに行ったことなどが、どんどん頭の中に映像と音として出てきます。仕事はきつかったけれど、仕事の内容はとても濃かった。今でもソニーで働いたことは自分の財産になっていると再確認しました。

最後に「テニス」。テニスはわたしが中学生のとき、勉強そっちのけで熱中していた運動です。テニスという言葉を見ると、僕にとっては軟式テニスのことです。中学

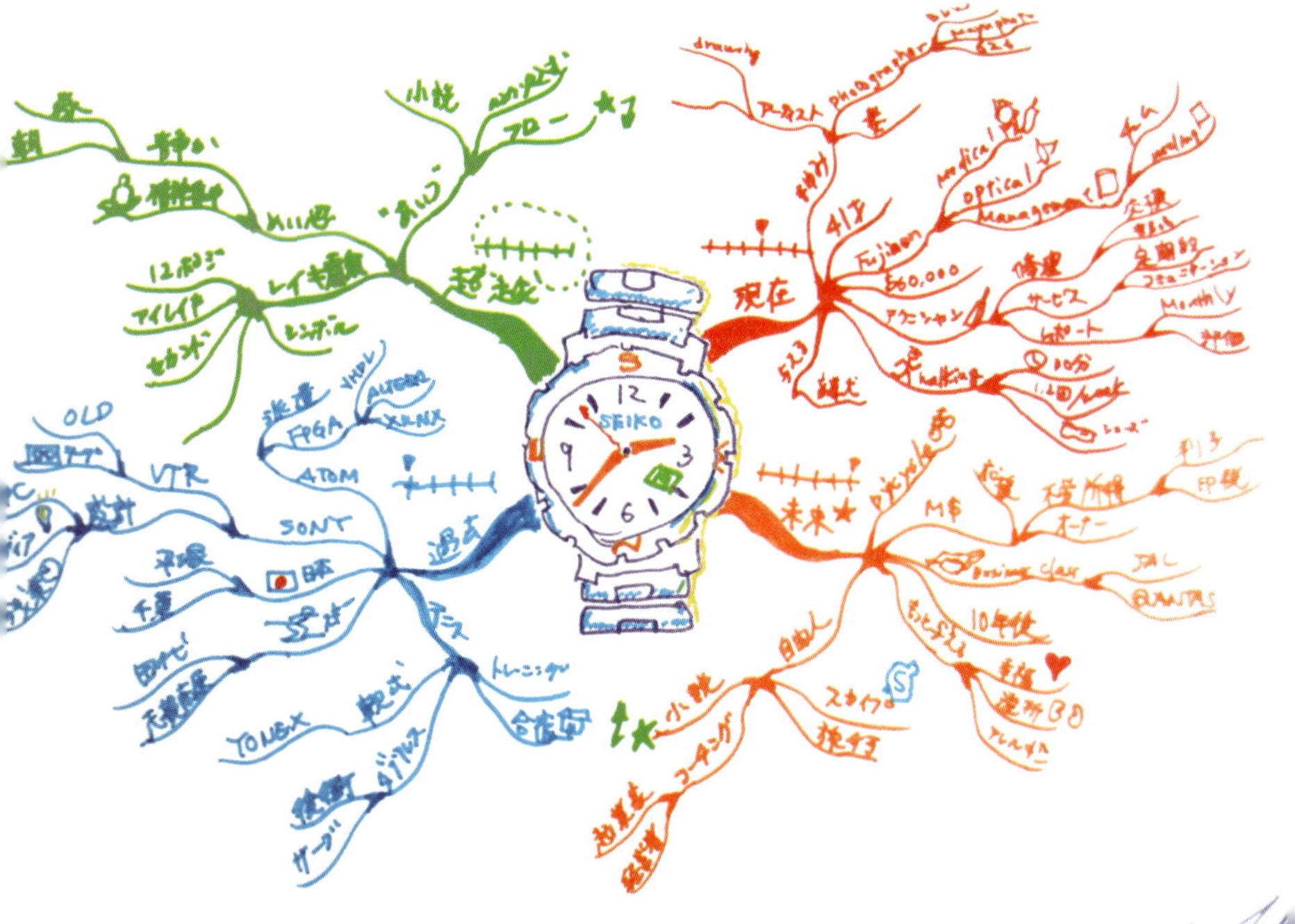
SEIKO
12
3
6
9
現在
過去
未来★
photographer
41才
Fujinon
$60,000
サービス
レポート
Monthly
medical
optical
Management
walking
10分
M$
オーナー
business class
JAL
QANTAS
10年後
自由人
小説
コーチング
スカイプ
SONY
ATOM
FPGA
ALTERA
XILINX
VTR
OLD
日本
テニス
硬式
YONEX
小説
フロー
19-10-08

時代にやっていた朝練、厳しいコーチの先生、試合に負けてバリカンで頭を坊主にされたこと、強敵の他校のチームに最後の最後に勝って優勝したこと、東北大会で転校する前に行っていた中学の友人と再会したこと（彼らも勝ち上がってきた）、ボールに蛍光塗料を塗って夕方薄暗くなってもテニスをやれるだけやっていたことなど、挙げればきりがないくらいの思い出が映像としてよみがえってきます（この文章を書いている今でも思い出します）。

過去にやっていたけれど今忘れてしまっていることや、未来にやろうと思っていることなどが整理されていく快感を覚えました。過去から未来まで。そしてそれらを超えて自分が常に思っていること、感じていることが一枚の紙で一気に見渡せるというところが、ＭＭの非常に良いところであると感じています。

過去、現在、未来、そして超越。この４つのブランチがこのマインドマップにはあります。そして、よく見てみると、その４つのブランチには全く違うことが描かれていることに気がつきます。ということは、時間を経るにしたがって、自分のやっていることは確実に変化してきているということ。

今気がついたのですが、このマインドマップでは、過去、現在、未来の間はそれぞれ10年から15年の開きがありますね。ということは、そのぐらいの時間が経過すると、人はかなりダイナミックに変化するということを表しているのかもしれません。自分でも驚くほど、同じようなことを描いていないということに気がつきます。

超越というのは、常に自分の中に意識していたいもの。これからも変わらずにいて欲しいもの。そして、その思いにしたがって、自分は確実に行動している、ということを改めて確認できました。意識的に静かな時間を持つようにしているし、「あいつ」がくるまで頑張るという姿勢を持っています。


マインドマップで思い出を振り返っていくと、忘れていたようなことをよく思い出します。それは、マインドマップなら連想が容易だからです。人は、物事を単体で記憶しているわけではなく、さまざまな情報と絡み合わせて記憶しています。「あの時」の情景は、映像だけでなく、香りや音、肌の感覚などと一緒に記憶の引き出しにしまってあるのです。

そういった周囲の情報を思い出すことで、記憶自体がより鮮明になっていきます。その過程で、今では忘れてしまった大切なことや成功体験を思い出し、未来へのモチベーションを回復していく、といった話もよく聞きます。自分の良いところ（自信のあるところ）を探したいとか、これまでの人生を振り返ってみたい、といった時に効果的でしょう。

細部にとらわれることなく、全体を捉えて考えられる――これもまた、マインドマップのいいところです。

スピーチのためのマインドマップ

職業や肩書きに関係なく、ちょっとした挨拶やスピーチをする機会というのは、意外と少なくありません。そんな時、その場でササッとマインドマップを描いて、伝えたいことをまとめることができます。

★Sさん（女性・50代・公務員）

会合で5分の挨拶をすることになりました。思うことをメインブランチにして、その先にどんどんブランチを伸ばしていきました。当日は、これを見ながら、時間（時計）を見ながらスピーチしていきました。話したいことを漏れなく話せるだけでなく、原稿の棒読みにならずポイントをおさえて話すことが出来るので、いつもより堂々とした印象のスピーチになりました。

忙しい毎日の中では、事前に考えた原稿を丸暗記するなんてできません。だからといって、原稿を見ながら話すというのもスマートじゃない！　でも、何も持たずに話すと、言いたいことを忘れてしまってアワアワ……。

マインドマップ
3月9日
この場にいる
仲間
応援
くらしの研究発表会
日常の活動
仲間から声
青森
6月26日
あしあと
3月

でも、話したいことをマインドマップで整理しておくと、ポイントが絞れて実に効果的です。じっくり見返さなくても、枝の色や位置で描いてあることを思い出せるのは、マインドマップの大きなメリットだと思います。慣れてくれば、頭の中にマインドマップを描いて、それを思い出しながらスピーチすることも可能になります。これも、マインドマップの魅力のひとつ。箇条書きだと、ひとつ忘れてしまうと、たとえ次を思い出せても話の流れがつながらず、省略したり、ふくらませたりといったアレンジがしにくいのです。

1ブランチ1ワードになりきれていない部分もありますが、スピーチ原稿のマインドマップとしては十分に活用できたでしょう。

マインドマップで家族会議

次は、マインドマップを使って家族で相談事をした事例です。大げさに言うと「家族会議」でしょうか？　家族みんなで頭をくっつけながら相談している様子が想像できて、ほほえましく感じます。

★Oさん（男性・30代・会社員）

休日に家族でお昼ごはんをどこで食べようか迷っている際に描いたマインドマップです。我が家の場合、「お昼＝ラーメン」なのですが、家族全員ラーメンの好みが違います。また、割引券や餃子サービス券、クーポン券などがたまっていたため、それを使いたいということ。さらに、午後から子供たちのスイミングスクールがあるので、移動が30分以内で済むお店と条件が限られていました。

たかがお昼ごはんですが、家族で行動する際は1回1回の食事を楽しみたいので、全員が納得できる場所へ行く必要がありました。条件が多岐にわたるため、マインドマップで全体を俯瞰することで整理できるのではと思い、描いてみました。

好みの違いや時間の都合など条件は複雑でしたが、マインドマップを描き、全体を見渡してみると、「時間」のブランチがいちばん優先しないといけない事項だということに気がつきました。それを踏まえて、「時間」にぶら下がるお店の中から割引サービスを使えるお店を選ぶまでには、そんなに時間はかかりませんでした。「行きたいお店」ではなく「行けるお店」を選ぶ必要がありましたし、結果的には、その中で割引サービスを使えるお店は1店しかありませんでしたから。

終わってみれば当たり前すぎることなのですが、「あのお店のラーメンを食べたい！」という、食に対する欲求によって思考が完全にストップしていました。「ラーメン屋さん選び」という内容ではありますが、ひとつの行動に対して全く違う考えを持つ人間同士が話し合いをする上で、マインドマップがとても有効だと気づかされた一枚です。

「こんなことにマインドマップを使うの？」と驚いた人も多いでしょう。どんなことにでもマインドマップは有効、とくり返し述べてきたことを、わかっていただけたのではないでしょうか？

さて、小学生にもなってくると、幼稚園・保育園の時と違って、子どももしっかりと自己主張するようになります。とはいっても、大人のようにさまざまな事情を把握しているわけではないので、どうしても自己中心的です。大人があれこれ配慮して考えたことでも、

食べたい
麺山
蔵
かわら
大西
みそカレー
道場
駒繋
つけめん
煮干し
誠
まるしげ
予定
スイミング
14:30
時間
30分
麺山
道場
かわら
駒繋
蔵
大西
割りびき
500円引
3枚
ギョーザ
サービス
ポイント

子どもには理解できなくて不満を抱くこともあります。この例のように、「考えないといけないこと」をマインドマップ上で明らかにしていくと、子どもも大人と同じように事情を理解できます。そうすると、不透明であることに対する不満がなくなって、みんなが納得できる答えを導き出せるようになります。

Oさんの場合はお休みの日のランチというテーマでしたが、マインドマップにイラストを加えたことで、お子さんもより具体的に考えることができただろうと思います。意思決定の段階から加わることで、子どもが思考力・判断力を養っていく一助にもなるでしょう。

家族旅行の計画マインドマップ

家族旅行の行き先や、そこでやりたいことなどをマインドマップで描き出していって、いつも以上に楽しい家族旅行を過ごせた、という報告をたくさん聞いています。そんな家族旅行の計画のためのマインドマップを、2家族の例で見てみましょう。

★Dさん（男性・40代・会社員）【上】

3年ほど前、上の子どもがまだ小学生で子ども料金で済むうちに、家族で北海道旅行をすることにしました。

いつもは東方面を目指しますが、今回は北に出かけようということになり、まずミニマインドマップを使って、道北で「やりたいこと」「行きたい場所」を挙げていきました。続いて、セントラルイメージを時間をかけて描きました。絵は苦手なのですが、大好きな北海道のイメージはいくらでも涌き出してくるので、手が勝手に動いたように記憶しています。右上に、目的地のメインブランチと出発・帰着のブランチをまず描き、上方から時計回りに、毎日の予定のブランチを描きました。

最後に、準備の漏れを防ぐ意味で、持ち物と懸案事項（予約先と時期）のブランチを描きました。おかげで、必要事項を漏れなく洗い出すことができました。家族会議も盛り上がり、話はすんなりとまとまりました。行程の草案は、少々強行日程であることにも気が付き、ゆとりを持たせたプランにブラッシュアップできました。

今回のお話があって、2年半ぶりにマインドマップを眺めてみました。ブランチに載っているワードが、どれもこれも記憶を引っ張り出してきて、当時の楽しい思い出が、まざまざと蘇りました。たしかに、マインドマップの本にもそう書いてありましたが、嘘ではなかった！

★Nさん（男性・40代・セミナー講師）【下】

夏休みの家族旅行を毎年行っているのですが、いつも行き先で悩み、旅行先で何をするのかが曖昧なまま出かけて、十分に楽しめなかったりすることがありました。子ども達が中2と小4に成長したこともあり、子どもと大人が一緒に楽しめる旅行にしたいと、家族で意見を出し合って行き先やプランを決めることにしました。

ただ話し合うだけではなかなか決まらないので、マインドマップを使いながら計画を立てることにしました。家族全員で意見を「言う」だけでなく、きちんと「見える」ようにして、アイディアをふくらませていけるのがマインドマップを使うメリットだと思います。ムダなことを考えないので、シンプルだけど全員が参加できる計画

K.Kondo
2009-01-24 ～25
日程
目的地
懸案
持ち物
7月17日(金)
7月18日(土)
7月19日(日)
7月20日(月)
7月21日(火)
7月22日(水)
7月23日(木)
7月24日(金)
7月25日(土)
7月26日(日)
利尻
旭川
札幌
釧路

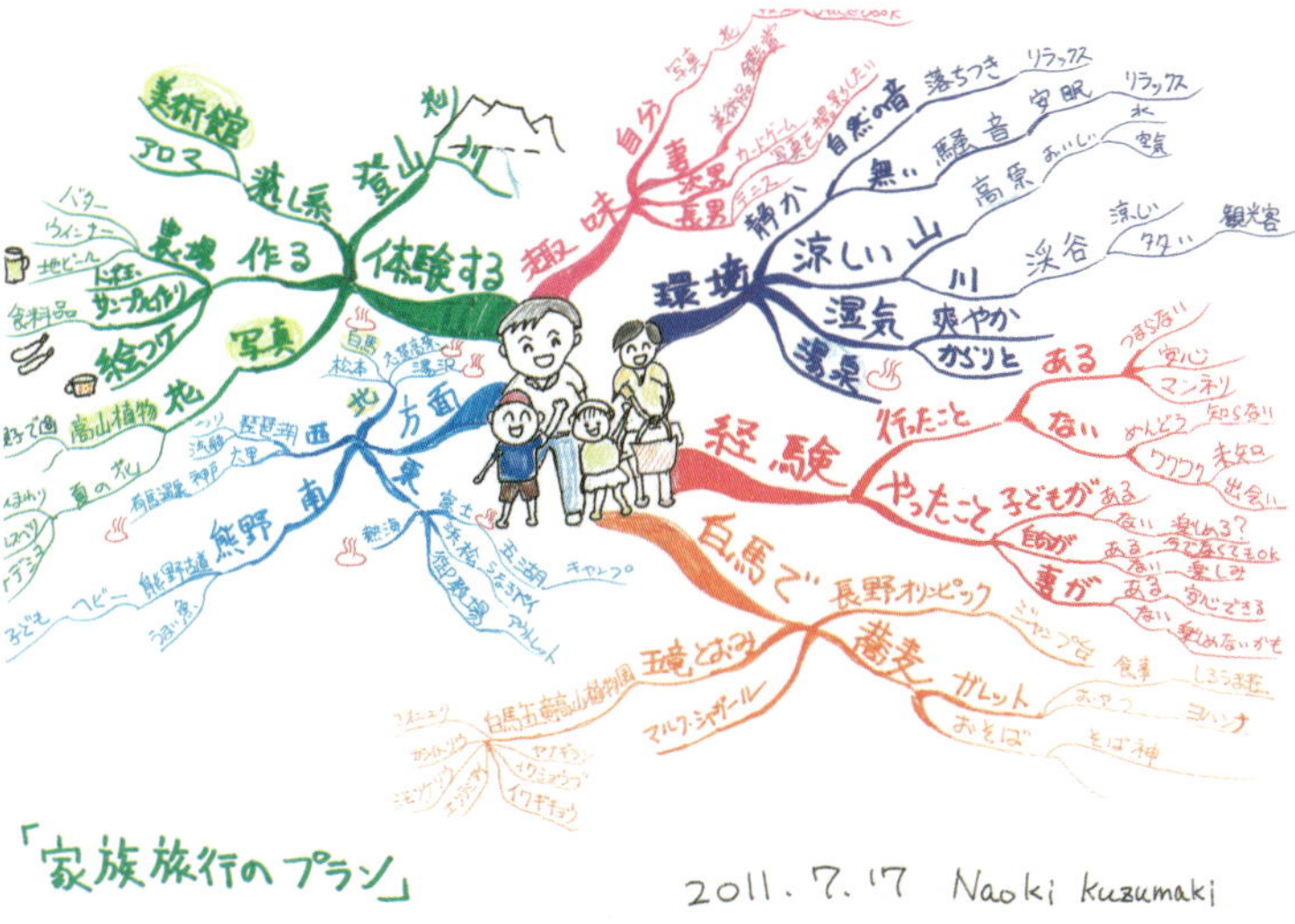
体験する
癒し系
登山
美術館
アロマ
農場
作る
写真
絵つけ
高山植物
花
趣味
自分
妻
次男
長男
環境
静か
自然の音
落ちつき
リラックス
安眠
涼しい
山
川
渓谷
湿気
爽やか
からりと
温泉
経験
行ったこと
やったこと
ある
ない
子どもが
自分が
妻が
安心
マンネリ
めんどう
ワクワク
未知
出会い
白馬で
長野オリンピック
蕎麦
ガレット
食事
おやつ
おそば
そば神
五竜とおみ
白馬五竜高山植物園
マルク・シャガール
方面
北
西
南
東
熊野
富士
熱海
「家族旅行のプラン」
2011.7.17 Naoki kuzumaki

を立てることができました。また、マインドマップを描きながら計画を立てるというのは、子ども達には初めての経験です。大人に決められたプランにならないように指を指しながら意見を出してくれました。

メインブランチとして「環境」「経験」「方面」をあげて、行き先を決めました。涼しい環境で、これまでに行ったことがないところで、温泉がある、そして北……という条件で「長野県の白馬」に決めました。また「趣味」「体験する」というメインブランチから「親子で写真を撮る」「美術館で美術鑑賞」を決めました。白馬での行動は、珍しい高山植物の写真が撮れるだろうということで「白馬五竜高山植物園」、長野オリンピックの熱狂の舞台「白馬ジャンプ競技場」、食べ物では珍しい「蕎麦のガレット」を楽しむことにしました。

マインドマップを描きながら旅行の計画を立てるというアイディアは、講座でご一緒した方から教えていただいたものですが、やってみたらとても簡単で、家族全員が参加できる計画を立てるためにとても役立ちました。教育や記憶のためだけでなく、家族の楽しみのためにマインドマップを使う人が増えるといいと思います。

マインドマップを旅行計画に使う場合、行き先を決めるためにも、旅先でやることを書き出すためにも、やりたいことを厳選していくためにも活用できます。セントラルイメージを綿密に描くことは、自然と下調べになりますし、マインドマップにすることで足りない点が明らかになるという利点もあります。旅行プランを家族全員が事前に把握しておくことで、見通しを持って行動できるようにもなります。できること・できないことをみんなで確認すれば、旅行中の不満も少なくなります。行き先の決定にしても、マインドマップにすれば多面的に捉えられるので、一面的な判断ではなくなります。

ここで紹介した2つの例は、セントラルイメージの違いが象徴的ですね。「どこに行くか」に焦点を当てて考えたのか、「家族で話し合うこと」を第一に考えたのかが、見比べるとはっきり伝わってくるのではないでしょうか。

マインドマップの枝を伸ばすことは、自分への質問になるので（「この先に、どんなことを考えようか？」）、考えを深めていくということが自然とできるようになるのです。

夏休みの計画マインドマップ

続いては、夏休みの過ごし方について親子で考えたマインドマップです。親子のコミュニケーションにマインドマップが一役買っている点も注目です。

★Ｉさん（男性・40代・公務員）

家族会議で描きました。夏休みの中間点。子ども達も少しだれぎみ。全員が顔を付き合わせながら話し合って確認し、リビングの壁に貼って眺めながら生活しました。家族のお楽しみ計画（右上の黄色いブランチ）を目指しながら、やるべきことを目で見て確認、着々とこなしていく――そんな緊張感のある夏休みになりました。

「あれしなさい！」「はぁーい」とか「これしなさい！」「はぁーい」というやり取りが日常化していた我が家。自分達が話し合った流れや、言ったこと、言われたことが、マインドマップを見ると思い出しやすいことと、行動が具体化されていること、そして、それらがパッと見てすぐわかることがよかったと思います。

同じことを１００回言うより、１回見てもらえばＯＫ。ガミガミ言う必要がありません。親の精神衛生上も良かったのではないかと家内と話しています。

お約束
生活
食事後
お決まり
朝
片付け
もとのところへ
気付いたら
次にやる前に
遊んで
まとめて
一気に
役割り
お当番
おふろ
お祈り
みことば
当番
何
すすんで
配膳
下膳
くつならべ
カーテン
新聞
洗たく物
お楽しみ
松島
楽天
やんなきゃ
子供
大人
2学期の用意
お手伝い WING II
お勉強
毎日
1行日記
自主勉
工作
夏休みの計画マインドマップ
2010.8.7

このマインドマップの良い点は「やんなきゃ」の枝です。というのも、お子さんは「プリントがこんなにいっぱいある！」と宿題に辟易していたはずです。しかし、マインドマップを見て、「子どもがやらなくちゃいけないことはこれだけだけど、大人はこんなにあるんだ！」と、自分だけが一方的に要求されているのではないことを、理解できたのではないでしょうか？　枝の数を見比べて安心したかもしれません。

それぞれのやるべきことを冷静に比較して、どっちが大変かといった問題ではありません。ひょっとすると、プリントの枚数をちゃんと考慮したら、子どもの負担もそれなりかもしれません。しかし、子ども自身が「自分のやるべきこと」を認識して、やる気につながれば、それでＯＫだと思います。

親のほうも、頭ごなしにやらせようとするのではなく、子どもの立場（「こんなにプリントがあるのね……」）を理解して声をかけられるようになります。上下の関係から、思いやりのある親子関係に変化していくことでしょう。互いのことがよく見えるようになり、家族間の風通しがよくなる役割をも、マインドマップが担ってくれると思います。

3

みんなのマインドマップ

活用例② 学びのために

子どもがマインドマップを描いたら

長年保育士として仕事をしてきた経験から、子どもの気持ちをしっかりと汲んでいくためにはマインドマップが有効だと実感しています。子どもの話はあっちこっちに飛ぶものです。それを、「ちゃんと話しなさい！」「何を言っているのかわからない！」などと叱ってしまうと、子どもは楽しくおしゃべりできなくなってしまいます。

ここでは、「親の真似をして子どもが描いてみたマインドマップ」をご紹介します。子どもも大人も楽しく会話するツールとして、マインドマップを活用していただけると、もっと楽しくコミュニケーションしていけると思うのです。

★Tさん（男性・40代・会社員）【上】

「にんげん」をセントラルイメージとして、手本に私が一つ二つメインブランチを描いてみました。すると、描き方はともあれ、息子は思いつくままにどんどん描きはじめました。何よりも、絵の比率が多いのに驚きます。私たち大人は、文字で表現することが主かもしれませんが、文字を習いたての子どもにとっては、絵で表現することも普通の感覚なのかもしれません。また、文字が重なっても気にしません。このあた

顔
頭
足
手
おなか

そりあそび
BアンドG
ケーキづくり
クリスマスイブ
すこしかたかった

りも子どもの感覚ですね。

息子はこのあと、セントラルイメージを「車」「お家」の絵にして、合計3枚描いていました。マインドマップは何か魅力があるんだなぁと実感した場面でした。遊んでばかりの小学校1年生の作品でした。

★Mさん（男性・30代・小学校教諭）【下】

娘（小1）には全くマインドマップを教えたことがなかったのですが、見よう見まねでセントラルイメージを描き、メインブランチを伸ばしていきました。サブブランチは私（父親）と娘で、「冬休みの思い出」の会話を楽しみながら伸ばしていきました。その後は、娘ひとりでマインドマップを描いていくようになりました。何も教えなくても「構造化」が出来ていることに驚きました。


どちらも小学校1年生の事例ですが、大人が思っている以上にマインドマップを理解していることに驚くのではないでしょうか。また、描いていくうちに、どんどんしっかりとしたマインドマップに変化しているようです。自信がつくというのもあるでしょうが、自分の考えをちゃんと持てるようになっているとも理解できます。

マインドマップはとてもカラフルなので、小さな子どもにとっても非常に興味をもちゃすいものだと思います。ひょっとすると、「大人がお絵描きしてる！」と思うのかもしれませんん。どんなもので、どう使うのかはわからなくても、親が何やら楽しそうに、また真剣に取り組んでいると、子どもたちも「やってみたい！」と思うものです。あれこれ理屈っぽく考えなくても、直感的に取り組めるのだということを感じていただけるでしょう。

日々一緒に過ごしている親子だからこそ、かえって、ちょっとした成長や変化に気づきにくいということもあると思いますが、時々マインドマップを描いて見比べることで、子どもの成長に改めて気づくことにもつながっていくと思います。

後者のMさんは、誕生日にお子さん（娘さんと息子さん）からバースデーカード・マインドマップ（次ページ）を贈られたそうです。しかも、「わたしの学校でもマインドマップを使って授業したらいいのに。お父さんの学校はいいなあ」という嬉しいコメント付き。「親として、マインドマッパーとして、これほどの宝物はありません」というMさんの言葉に、わたしも思わず大きくうなずいてしまいました。

4月30日
けっこうすごい
たん生日
たん生日 4月30日
とし
今日40
まえ39
すきなもの
しょくぎょう
ながお

マインドマップで作文を考える

文章を書く際には、「書く内容」と「書く順番」を考えなければなりません。そして、その2つの組み合わせによって個性が発揮されます。小さい子どもの場合、「今日は、遊園地に行きました。楽しかったです」で終わってしまいがちですが、これは書く内容を考えきれていないからです。しかし、思いついたことを思いついたままに書いても読み手には伝わりません。

そんな悩みもマインドマップが解決してくれます。3つのご家庭の事例を見比べてみましょう。アプローチの仕方が違う点にも注目です。

★Tさん（男性・40代・会社員）【右上】

「運動会の思い出」という題で作文を作成するために、家内が描いたマインドマップです。セントラルイメージには、いちばん印象に残った「旗取り合戦」が描かれています。

家内が子どもにインタビューしながら、それぞれ枝に展開していきました。このときは、メインブランチとなる文章構成のイメージが出来上がっているところからスタートしています。

マインドマップは、一人ですべて描く印象があるかもしれませんが、子どもの作文力に合わせてマインドマップの描き方を変えることもできると思います。大切なのは親子でテーマをイメージするということでしょうか。たとえば、

●セントラルイメージは、親子で楽しく描く
●メインブランチは、作文の流れをサポートするように親が描く
●ブランチは、聞き取りしながら親が枝を描く。子どもは、枝を一緒に確認する
●子どもが、メインブランチに付けた番号に沿って、順番に作文を書く

こんなふうに共同作業で作成していくのも良さそうですね。

次は、読書感想文にマインドマップを活用した例です。

★Kさん（女性・40代・公務員）【右下】

小学校5年の長女が夏休みの課題として描きました。

普段から描き慣れていることもあって、自分から進んで描いていましたが、メインブランチについて、あらすじや主人公のこと以外に何を描いたらいいかと尋ねられたので「主人公と自分を比べて同じところや違うところ」を考えてみるよう提案しまし

た。すると、自分と妹や弟との関係にまで思考を広げることができました。

そういう意味では、メインブランチに何を乗せるかを指導者が示してやることも必要かなと思います（子どもに全てをまかせるのではなく）。

このあと長女は読書感想文に着手したわけですが、そこで問題になったのは「書き出し」です。これはマインドマップの活用とは直接関係ないかもしれませんが、マインドマップを読書感想文に使おう（使わせよう）とした場合、結構大きな壁であると感じました。このときは、過去の優秀作品集を読んでみて（わたし自身が）、いくつかの書き出しパターンをあらかじめ提示しました。実際、その後の長女の様子を見ていたところ、悩むことなくスムースに書くことができたようです。

絵日記にマインドマップを使った家庭もあります。

★Oさん（男性・30代・自営業）【左上】

学校の宿題の絵日記に苦戦している息子に「日記書きやすくなるかもよ」とすすめてみて、息子がはじめて描いたマインドマップです。テーマが運動会という大きめのイベントなので、日記に書く内容はいっぱいあると思いますが、息子はあまり得意としていないようなので、少しお手伝いしました。いつも日記用紙の半分くらいまでは

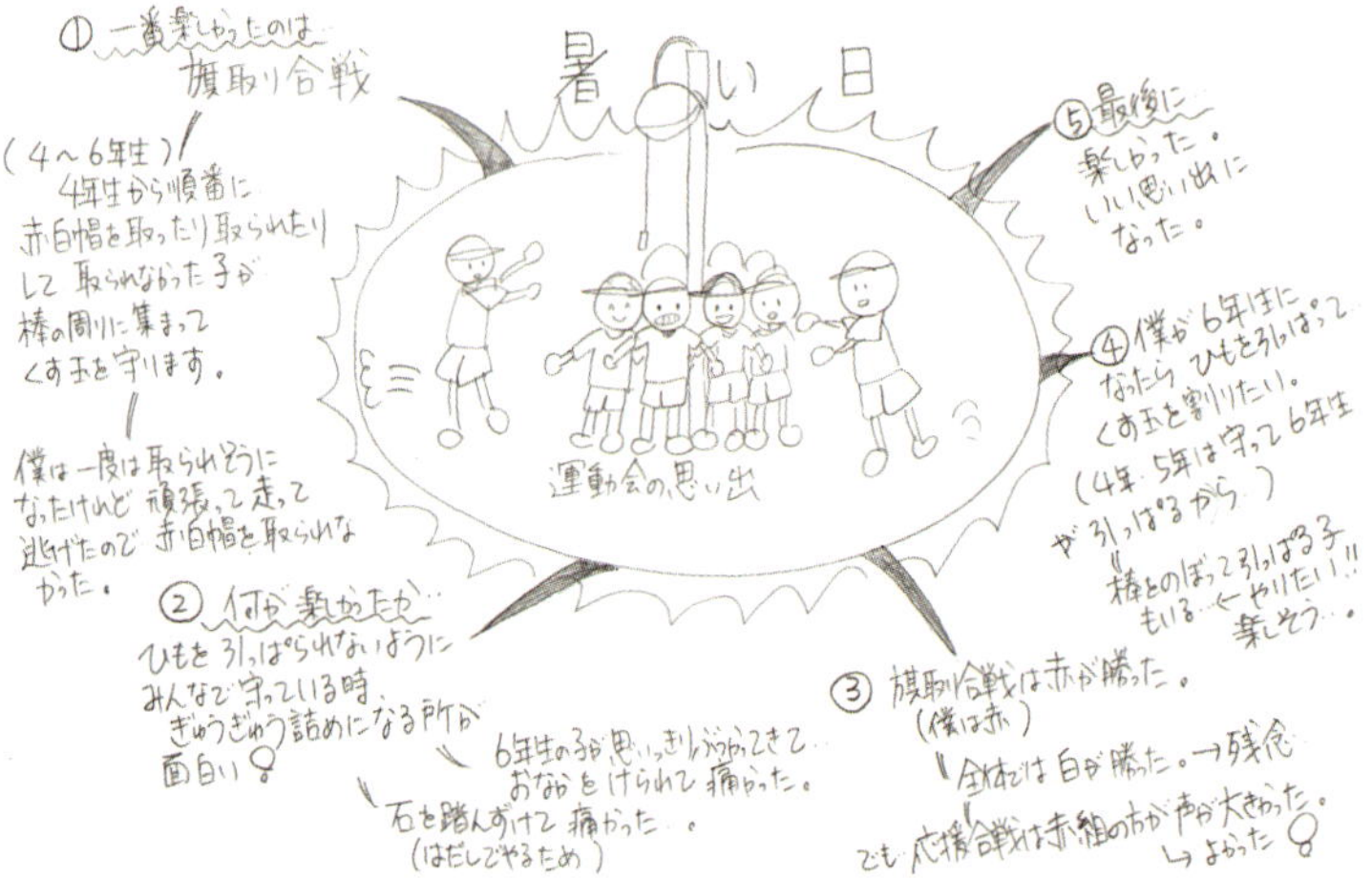
暑い日
運動会の思い出
①一番楽しかったのは
旗取り合戦
（4〜6年生）
4年生から順番に
赤白帽を取ったり取られたり
して取られなかった子が
棒の周りに集まって
くす玉を守ります。
僕は一度は取られそうに
なったけれど頑張って走って
逃げたので赤白帽を取られな
かった。
②何が楽しかったか
ひもを引っぱられないように
みんなで守っている時、
ぎゅうぎゅう詰めになる所が
面白い
6年生の子が思いっきりぶつかってきて
おなかをけられて痛かった。
石を踏んずけて痛かった。
（はだしでやるため）
③旗取り合戦は赤が勝った。
（僕は赤）
全体では白が勝った。→残念
でも応援合戦は赤組の方が声が大きかった。
→よかった
④僕が6年生になったらひもを引っぱって
くす玉を割りたい。
（4年、5年は守って6年生
が引っぱるから）
棒をのぼって引っぱる子
もいる…←やりたい!!
楽しそう…
⑤最後に
楽しかった。
いい思い出に
なった。

読書感想文
マリと子犬の物語
感動
主人公
石川亮太
志村
大きくなった
九さい
犬をひろった
いしかわりょうた
石川彩
マリ
四さい
犬
好き
マリと名付ける
思いやり
すぐ
おれている
自分と同じ
兄が妹
おもしろい
ずっと仲よし
ケンカ
ときどき
自分とちがう
助け
行く勇気
親
お父さん
犬
きらい
お母さん
風
さみしさ
死んでしまった
入院中
自分の考え
マリ
自分はどうなっていい

天気
ふつう
くもり
つなひき
31位
おいしかった
黄組
ゆうしょう
きょうそう
100m 1位
うれしい
しょうがい物
2位

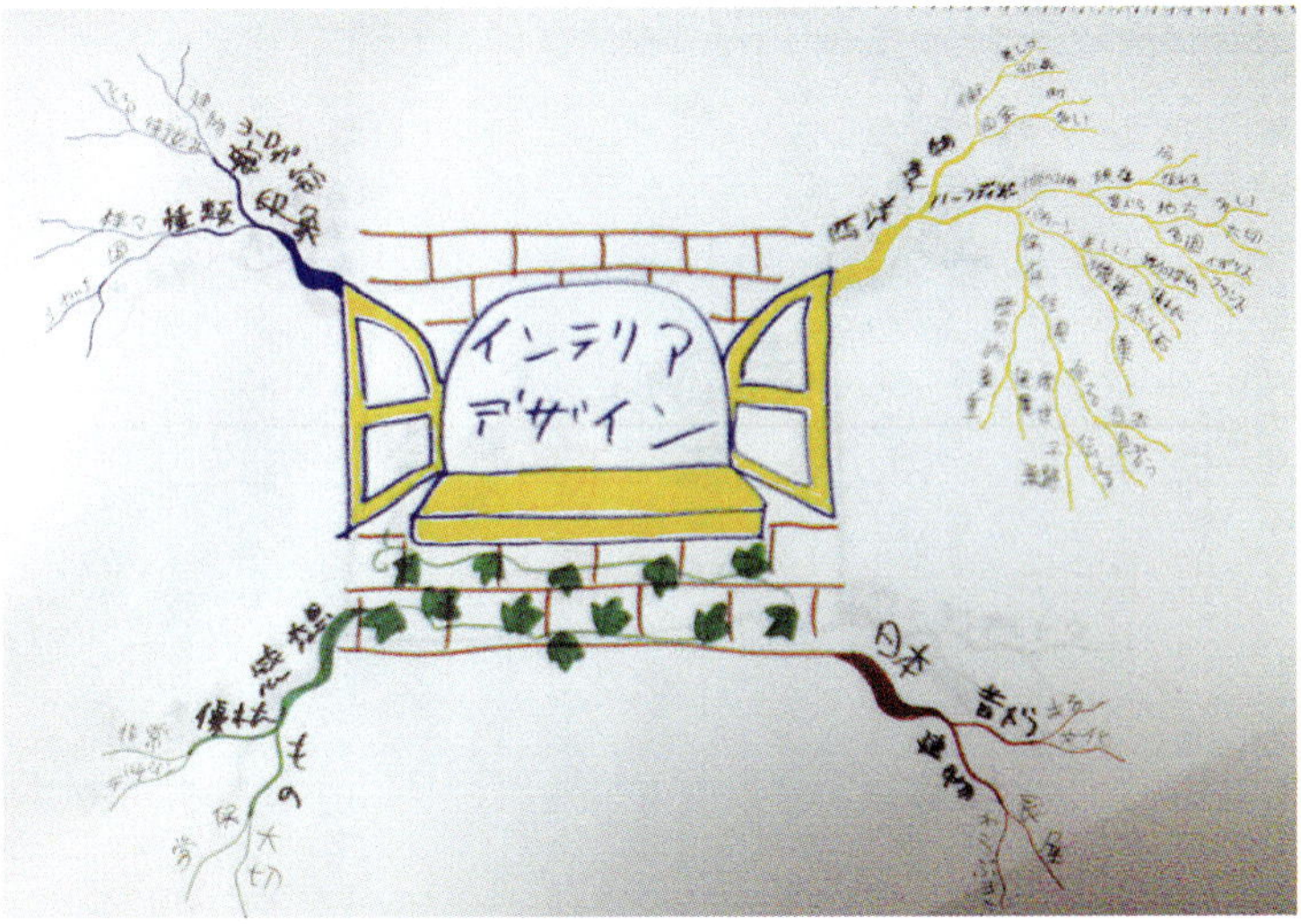
インテリア
デザイン
西洋
種類
日本

書けているんですが、後半に書くことがなくなってしぼんでしまいます。

今回は、運動会ではどんなことがあったのか、それはどうなったのか、そして、どう思ったのかをマインドマップで好きなように描かせてみました。それを元に日記を書いてみると、あっという間に記入スペースがなくなり、2枚目へ突入。脳がリラックスした状態になったのか、マインドマップに描いていないことでも色々溢れ出ているようでした。この習慣を普段から取り入れていければいいなと思います。


作文、読書感想文、絵日記と似たようなものであっても、親御さんのアプローチの仕方も違うし、仕上がるマインドマップも違ってくることをわかっていただけたでしょうか？

これが、マインドマップだと思うのです。

ある程度、話の順番を組み立ててあげる場合もあるし、考え方を提案してあげるだけの場合もあります。一方で、子どもが思いつくままに思いつけるよう見守ってあげる場合もあります。どれもマインドマップの活用の方法としては正解だと思います。

マインドマップの〝正しい〟使い方にこだわって、親も子どもも使いにくい思いをするのではなく、家庭ごとに、とりあえず使いやすい方法で使ってみるのです。使っていくうちに、さらにステップアップした使い方を思いつくことでしょう。最終的には、子どもが自分でやりやすいマインドマップの使い方を見つけていくことが大事ですし、その先には、マインドマップを使う時と使わない時の使い分けもできるようになると思います。

子どもの作文や読書感想文は、多くの場合「こんなことをしました」「あんなことが書いてありました」という事実の羅列になってしまい、「どう思ったか？」がほとんど書かれていません。ところがマインドマップを使うと、「こんなことをしました」の先に「どう思った？」「その後、どうなった？」「今度はどうしたい？」などの気持ちを汲みとりやすくなるのです。そうすることで、ふくらみのある文章になります。

自分の子どもはどんな取っかかりがあればやる気になるか、を把握している親ならではのアプローチとも言えます。また、マインドマップに描かれた内容から、「そんなふうに考えていたんだ」という発見にもつながります。特に子どもは自分の感情を微細に表現することが苦手ですから、ぜひ一度やってみてほしいと思います。

子どもへのアプローチの方法を、親がマインドマップでいくつもピックアップしておくというのも楽しいかもしれません。「このやり方に興味を示さなかったら、次のやり方だ！」と、ゲームを攻略する感覚で、楽しんで探っていくことができるでしょう。

なお左下は、大学のレポートを書くためにまとめられたマインドマップです。実はこの方は、人間関係がうまく作れず、自分の気持ちを整理したり伝えたりすることが苦手だったのですが、マインドマップなら自分の考えをまとめるのに便利で、大いに活用していると教えてくださいました。

課題を確認するマインドマップ

次の事例は、子どもとのコミュニケーションにマインドマップを活用している方の例です。勉強嫌いな子に、なぜ嫌いなのか、どこが嫌いなのかをマインドマップを使って聞いていくのですが、それによって、子どもも大人もやる気になっていくのだそうです。このKさんは小学校の先生ですが、家庭でも真似できる部分が多いと思います。

★Kさん（女性・40代・小学校教諭）

お勉強が苦手な子ほど先生の話が通じないというのは、当たり前と言えば当たり前の話。そういう子供達に、たとえば「忘れものをするな」とか「宿題をちゃんとやってこい」とか言っても当然通じないんです。頭に残らないから無理もないわけで。

そこでマインドマップが効果的です。子供をそばに呼んで、まず真ん中に好きなイラストを描かせます。大抵は喜んで描くので、褒めたり、そのキャラクターのことを聞いたりしながら描かせるのです。そして、あとはこちらが描いていきます。

「そっかあ、国語嫌いかあ。漢字ね。面倒くさいよねぇ」「そっかあ、書いてもちっとも覚えられないのね。でも、いっぱい書かないと覚えられないのは知ってるのね」

やすみじかん
がんばる
漢字
読む
本
少しずつ
算数
計算
ごほうび!?
遊び
おわったら
シール
先生から
こくご
好き
読む
本
マンガ
書く
話
物語
きらい
書く
作文
覚える
漢字
形
苦手
わすれもの
前日
れんらくちょう
メモ
そろえる
ねる前
確認
当日
再確認
ランドセル
朝
ごほうび
シール
賞状
さんすう
好き
ナイ!!
きらい
苦手
計算
?
方法
文章題
?
意味
読む
宿題
いや
でも…
やらなくちゃ
困る
テスト
将来
こくご

「なるほど、何か励みになるものがあるといいかもね。シールかぁ。頑張って宿題やってきたら先生がシール貼ってあげようかぁ」

なんて会話をしながらマインドマップに記入していきます。

すると、子供達はわたしの手元を真剣に見ています。そして「あとね、文章の問題も嫌なの。何言ってるかわかんなくて」とか自発的にしゃべってきます。最後には、これからどうしたらいいのかが理解でき、課題が明確になります。

この方法で気持ちが上向いてきた子が出てきました。問題点がわかりやすい形で目に見えるマインドマップは生徒指導にもオススメです。

Kさんはまた、友だちといざこざを起こした子どもが学校から飛び出した際、安全に連れ戻した後で、静かな場所でマインドマップを使って聞き取りをしたところ、すべてを受け入れてもらえる安心感からか子どももやがて落ち着き……という経験もされています。

子どもの心が開かれるのも、閉じられてしまうのも、自分のことを大切な存在として受け入れてもらえているかが大きく作用すると思います（子どもに限らない話ですが）。そういう点で、マインドマップなら色やイラストで自分の微妙な感情を表現できるので、ボキャブラリーの十分ではない子どもには特に扱いやすいツールなのかもしれません。

また勉強については、習慣化するまでは口やかましく言うのも仕方ないと思っている方が多いと思うのですが、本当にそうなのでしょうか？　仕事をイヤイヤやるのと意欲的にやるのとでは、モチベーションも成果も大きく変わっていくように、楽しく勉強できれば覚え方も違います。

本当は子どもだって勉強がわかるようになりたいはず。そんな子どものやる気を引き出す役割も、マインドマップが担ってくれるのです。

マインドマップで漢字学習

漢字を覚えることも、どんな目的があるのかをきちんと捉えてやれば、マインドマップの描き方も違ってきます。たびたび述べていますが、どれが正解ということではなく、覚えやすいやり方・興味を持てるやり方で取り組んでもらえるのがいちばんです。

左ページのマインドマップは、いずれも漢字を覚えるためのマインドマップです。1文字を1枚のマインドマップにしているものもあれば、メインブランチの上に1つの漢字を乗せているものもあります。それから、漢字の成り立ちによって分類しているものも。どんな描き方でも構わないのです。漢字のどんな点に興味を持ったのか、画数なのか読み方なのかによって枝の伸び方も変わるのです。

いずれの場合も、描いているうちに子どもたちが熱中してきて、自分たちであれこれ調べ始めたというのが、とても大切なことだと思います。知っていること・教科書に載っていることだけをちゃちゃっと書いて終わりにする学習が大半の中で（それさえやらない子もいますが）、自ら辞書を引きはじめるというのは、やらされ勉強ではなく自分のための勉強になっている証しだと言えるのではないでしょうか？

もちろん、「マインドマップだから！」というだけではないと思います。マインドマッ

だいじょうぶ
だいじょうぶ
新出漢字
額
ガク
ひたい
増
ゾウ
増大
増加
ます
水が増す
ふえる
ふやす
減
預

こころ
よみ
こころざし
シ
熟語
意味
めざす
画数
7画

象形
形声
指事
会意
物の形をかたどったもの

プを強制されてイヤイヤやったのでは、こんな成果は出ないはずです。ただ、子どもの移ろいやすい興味も、マインドマップだと「違う種類の学び（読み方から意味へ……など）」に枝を変えることで、勉強自体からは離れていかずにすみます。

また、自分の興味のある枝がたくさん広がっていくことで、「やった！」という意欲にもつながります。反対に、そこからあまり伸びていかない枝があると「やらなくちゃ」という気にもなるでしょう。好きな色のペンが使えることで、イメージ豊かに勉強に取り組めることも理由のひとつだと思います（以前、「エコだから」という理由で緑色を使っている小学生がいて、大人が考える以上にさまざまなことを感じながら楽しんでいるのだなぁ、と感心したことがあります）。

年齢に関係なく学びの場面で活用できるというのは、本当に魅力的なツールだと思うのです。

大学受験勉強のためのマインドマップ

もっと年齢が高くなって、大学受験対策に使われているマインドマップです。これもあくまで一例なので、「こんな使い方もあるのか」という参考にしてもらえれば結構です。入試に合格するのが主目的なので、使い方をアレンジしている点も参考になるでしょう。

★Uさん（男性・20代・塾講師）

これは、うちの生徒がセンター試験（倫理）の教科書をマインドマップを使ってまとめたものです。マインドマップを使って教科書をまとめることで、いかに点数をとれるか、という視点です。

まず、倫理に限らず、社会（日本史、世界史、現代社会）は時間軸があるとまとめやすいです。よって、ノートの左から右に向かって時間軸をとっています。

そして、これは倫理なので、すべて抽象的なお話になっています。よって、ノートの上（抽象度高い）から下（抽象度低い）に抽象度の軸をとっています。なので、下に行けばいくほど具体的な内容になるようにしています。

まずは、教科書を参照しながら、十分な余白を確保しつつマップを描きます。その後、過去問題集を解きながら、余白をどんどん埋めていきます。

マップ内にある2ケタの数字が○で囲ってありますが、これはセンター試験で出題された年です。そうすると、どの問題がよく出されるのか、またそのパターンも把握できます。もちろん、模試を受けた時もちゃんと埋めていくと力になります。

こういったマインドマップを描かせることで、一定以上のやる気と能力がある生徒は積極的に勉強することがどういうことかわかるようになります。授業中ぼーっとしたり、先生が黒板に書いたことだけをノートにとるのではなく、自分で情報を取りにいくようになります。たとえば黒板にかかれていないことでも、自分で気づいたことや、講師が口で言ったようなことも、資料集から拾った言葉も、自分でつなげてノートにマインドマップを描いていきます。

ただ、時間がかかるため、点数を上げるための初期投資というか、投資時間がどうしても一定以上必要です。中途半端だと網羅できる範囲が狭くなり、繰り返し回数が落ちてしまうため、むしろ点数は下がってしまいます。きっちり勉強時間を取って勉強できる生徒は90点くらいまでは保証したいです（願望ですが）。

もしくは、情報をまとめるのが苦手でなかなか点数が取れない子どもにも向いていると思います。また、ノートの空間に文章のつながりの設計図を描けるようになるため、国語（現代文）の点数も同時に上がります。

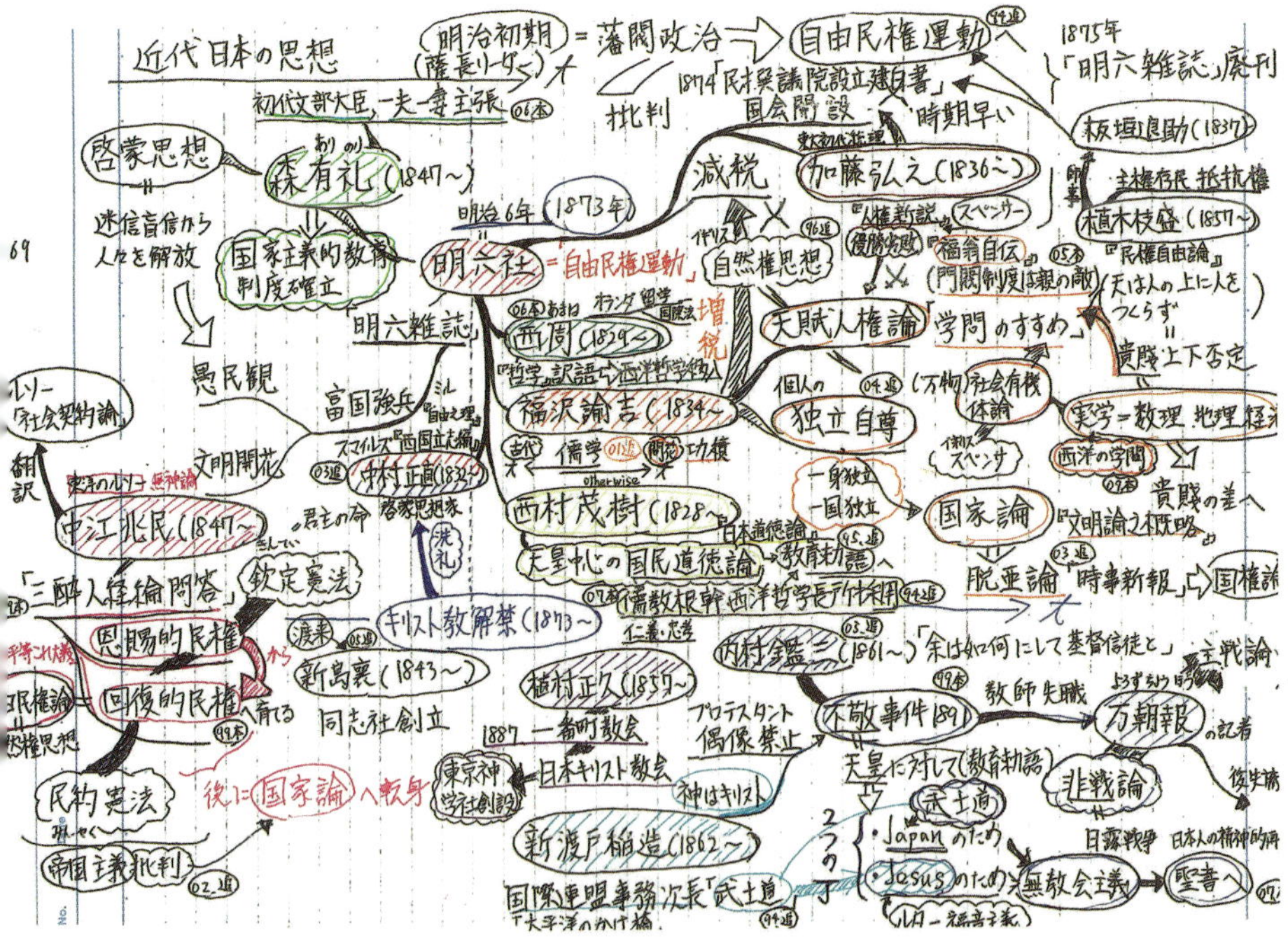
近代日本の思想
明治初期
=藩閥政治
自由民権運動へ
1875年
「明六雑誌」廃刊
批判
1874「民撰議院設立建白書」
国会開設
時期早い
板垣退助（1837〜
啓蒙思想
森有礼（1847〜
初代文部大臣、一夫一妻主張
迷信盲信から人々を解放
国家主義的教育制度を確立
愚民観
減税
加藤弘之（1836〜
明治6年（1873年）
明六社
=自由民権運動
自然権思想
天賦人権論
「学問のすすめ」
植木枝盛（1857〜
『民権自由論』
天は人の上に人をつくらず
貴賤上下否定
西周（1829〜
増税
「明六雑誌」
富国強兵
文明開花
福沢諭吉（1834〜
独立自尊
一身独立
一国独立
国家論
実学=数理、地理、経済
西洋の学問
貴賤の差へ
『文明論之概略』
脱亜論
「時事新報」
中村正直（1832〜
啓蒙思想家
中江兆民（1847〜
西村茂樹（1828〜
天皇中心の国民道徳論
教育勅語へ
「三酔人経綸問答」
欽定憲法
恩賜的民権
回復的民権へ育てる
キリスト教解禁（1873〜
新島襄（1843〜
同志社創立
植村正久（1857〜
1887 一番町教会
日本キリスト教会
東京神学社創設
内村鑑三（1861〜
「余は如何にして基督信徒となりし乎」
不敬事件1891
教師失職
万朝報の記者
プロテスタント
偶像禁止
天皇に対して（教育勅語
非戦論
神はキリスト
民約憲法
後に国家論へ転身
帝国主義批判
新渡戸稲造（1862〜
武士道
・Japanのため
・Jesusのため
無教会主義
聖書へ
日露戦争
国際連盟事務次長「武士道」
「太平洋の架け橋」

日本の受験システムや教育問題に関しては、人それぞれに意見があることでしょう。しかしながら、理解することなしに記憶することは難しいですし、理解できていないことをマインドマップにはできません。

箇条書きの場合、理解できていなくても文字でノートを埋めることは可能ですが、マインドマップには構造化という重要なルールがあるので、きちんと理解していないと枝を伸ばせないのです。学習した内容をマインドマップにすることで、表面的な理解にとどまらず、記憶も促進できるというのは、やはり魅力のひとつだと思います。マインドマップに描き込んでいく情報は、学びの度合いによって、変化していくことと思います。

ノートが無地ではないのは、マインドマップ以外の活用もしているからでしょう。マインドマップだけ別のノートに描くのは、たしかに面倒ですし、学習のためにはかえって都合が悪いでしょう。そういう場合は、無理して無地にこだわらなくても構いません。

講義にマインドマップを取り入れる

次は、職業訓練の現場での活用例です。一方的に教えて終わり、というものではなく、効果的に学べるさまざまな工夫がなされています。

★Nさん（男性・40代・職業訓練講師）

私は県から委託される公共職業訓練で講師をしています。教えている内容はインターネットの仕組みを理解することと、どうやってインターネットをビジネスに活用していくかを考えていくことです。

インターネットの仕組みを教える際には、目安となる資格としてNTTコミュニケーションズの「ドットコムマスター☆（シングルスター）」を目指してもらっています。この資格検定では、インターネットに関する基本的な知識に関することが幅広く出題され、それだけに、職業訓練としても有用だと考えています。

ただ、どうしても講義がキーワードの羅列になってしまったり、そのために訓練生も記憶に定着しにくかったりする恐れがあります。時間中に訓練生を「居眠りさせない」ための工夫も必要でした。

そこで、講義する側と受ける側の両方の立場でマインドマップを活用しています。特に、記憶することが必要な教科では、①講義、②個人でマインドマップ、③共有してグループでマインドマップ、という流れで活用しています。

まず、講義する側のツールとしてのマインドマップ活用です。講義の前日までに内容をマインドマップに描き出しておきます。わたしが大事にしているいちばんのポイントは、開始場所と終了（講義を収束させる）場所を決めておくことです。左上方向から始めて時計回りに一周します。これを決めておくことで、なんとなくアナログのストップウォッチを見ているように、途中での時間経過が確認しやすく、臨機応変な講義の助けになっています。

また、あらかじめ一枚の紙に描き出してあり、自分なりに見やすいものにまとめているので、どうしても講義で間が空いてしまうキーワードも関連づけて話すこともできます。当然、準備段階で関連性に触れることが望ましいと気づいたキーワードは曲線を伸ばしたりして紐付けておきます。

講師業をやられる方は、みなさん事前の準備はしていると思います。しかし、講義の最中に見るための台本やメモとしてこれほどコンパクトに、かつ話し漏れの防止や進行に役立つツールはないのではないでしょうか。

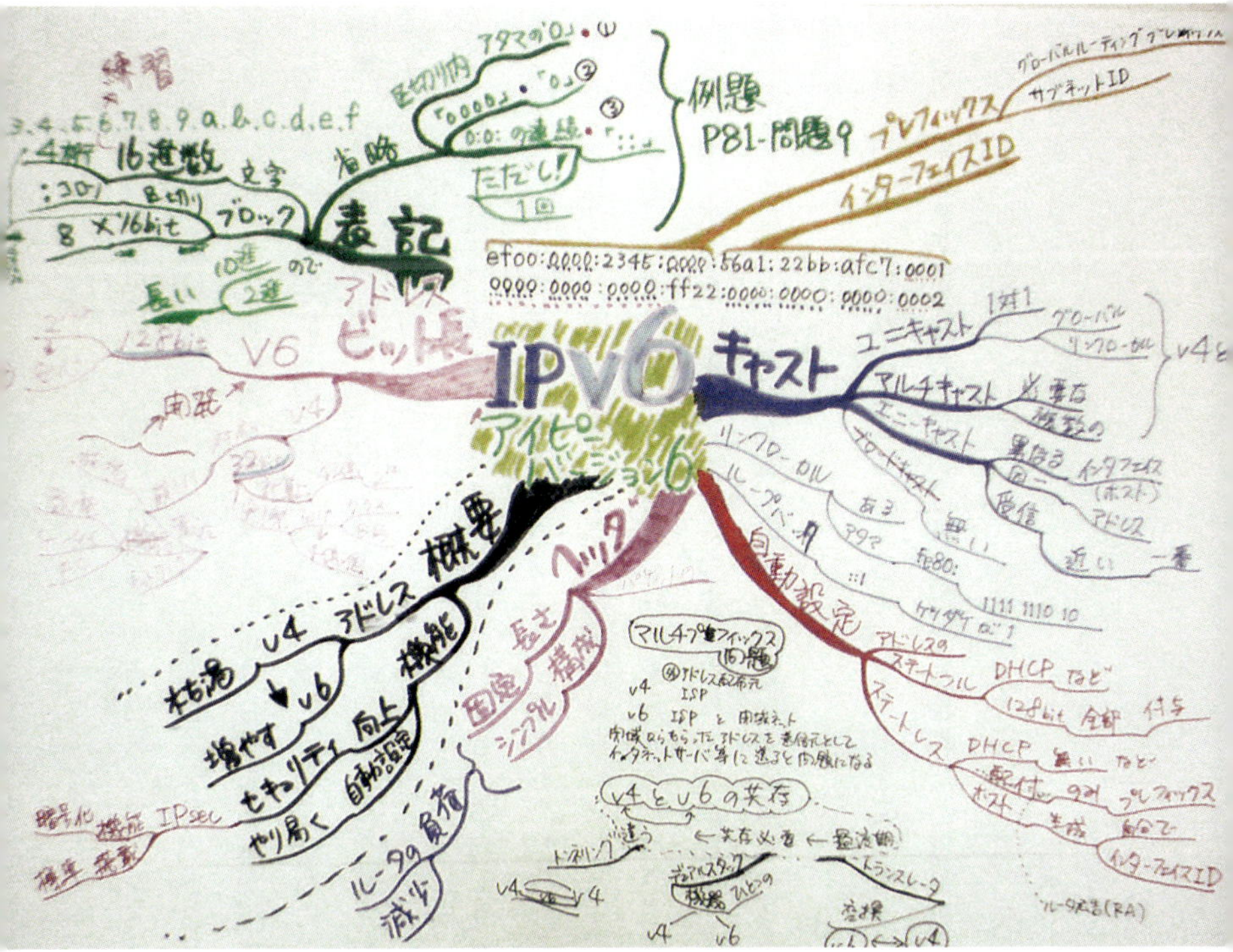
IPv6
アイピーバージョン6
表記
16進数
ブロック
省略
区切り内
ただし!
1回
例題
P81-問題9
プレフィックス
グローバルルーティングプレフィックス
サブネットID
インターフェイスID
ef00:0000:2345:0000:56a1:22bb:afc7:0001
0000:0000:0000:ff22:0000:0000:0000:0002
キャスト
ユニキャスト
マルチキャスト
エニーキャスト
ブロードキャスト
グローバル
リンクローカル
リンクローカル
ループバック
fe80:
::1
1111 1110 10
自動設定
ステートフル
DHCP など
ステートレス
128bit 全部 付与
インターフェイスID
ルータ広告(RA)
v4とv6の共存
トンネリング
デュアルスタック
トランスレータ
概要
v4 アドレス
枯渇
v6
増やす
機能
セキュリティ 向上
自動設定
やり易く
ルータの負荷
減少
ヘッダ
長さ
固定
構成
シンプル
IPsec
標準 装載
ビット長
アドレス
V6
128bit
長い
2進
練習

次に、講義を受けたあとに個人個人で復習をするためのマインドマップです。
もちろん講義中も、訓練生はわたしが話した内容を大学ノートなどにとっています。しかし講義を聴いているときに書くノートは、どうしても講師が話す時系列に沿ったものになってしまい、分類や関連性は「講師の感覚」に沿ったものになります。この「講師の感覚」というのが曲者で、必ずしも「受講した本人が覚えやすい」ものではないのです。

当たり前ですが、講師の話は「正しい」です。しかし、本当に仕事や生活の役に立つ記憶というのは「自分の言葉で説明できるように理解した知識」だと考えます。他人の言葉を丸暗記しただけでは実際に役立つ知識にはなりません。

そこで、講義の後、ひとりひとりに自分なりに考えてもらって、講義内容をマインドマップに描き出してもらいます。考えにつまったり、わからない箇所が出てきたりしたら質問してもらい、とにかく一度、自分の力で「腹に落とそう」と努力をしてもらうのです。

この例では、ちょっと離れたところにあるキーワードを矢印でつなげるなどした関連性の表現が、単なる一次元的でない理解と記憶の表れだと思います。ちなみに、左上にいくつかある×印は訂正ではなく「○○の防止や予防になっている」ということの表現のようです。

なお、修正ペンの痕がうかがえますが、マインドマップ本来の描き方としては、間違った箇所もわかるように残すほうがいいのかもしれません。しかし、このケースでは決まったことを正確に覚える必要があるので、明らかな記憶違いの場合はこのような修正も必要だと思います。

さて、個人で振り返りのマインドマップを描いたあとは、3～4人のグループに分かれてお互いが描いたものを回し見します（10人以上で回し見をする場合もあります）。グループでの振り返りマインドマップを描いてもらう前に、ざっとメンバーの考えに触れてもらいます。自由に発言して、他のメンバーが描いたものへの意見や気づいたことを簡単に共有します。

その後、グループで1枚のマインドマップを作成してもらいます。グループ編成は毎回変わります。コミュニケーション能力やリーダーシップなど、知識訓練以外の部分の気づきや向上を図るためです。

そのため、グループでのマインドマップの描き方も毎回違ったものが見られます。

●「描く」作業をひとりに依頼して、その人も含めた全員で「考える」作業を行う（見た目のきれいなマインドマップになりやすいです）

●セントラルイメージを誰かひとりにまかせて、枝の担当を決め、それぞれが描き進める（担当を決める前にメインブランチを決めるので大枠の共有にずれはありません。ただし、描き進めると細かい共有がおろそかになるケースも見られます）

●どのフェーズでも話し合い、全員で協力して取り組む（いちばん作業が遅くなりますが、時間の制限がなければ最も記憶が定着するケースです）

他にもメンバーの組み合わせによってさまざまな描き方、進め方が見られて興味深いです。そして、どのケースであっても次のようなメリットが顕著に見受けられます。

●一度お互いのマインドマップを見ているので意見が言いやすい（すでに見られているので照れくさい感覚が薄れているのか、発言しない人が出にくい）

●分類や関連性について他人の考えに触れることで理解が深まる（最終的に当初の自分の考えに落ち着く場合であっても、一度他人の考えに触れることで理解のレベルが上がる）

●記憶の定着のための「繰り返し作業」が楽しみながらできる

特に最後は重要だと思います。物事を覚えるためには繰り返しが必要ですが、学習

LAN
Local Area Network
ハブ(HUB)
ケーブル
利点
規格
無線
次世代
PLC
種類
接続
バス型
リング型
スター型
UPLINK
MACアドレス
ブロードキャスト
ARP
NDP
2.4 GHz

においてはこれが苦痛になるケースが少なくありません。この講義方法だと3回も同じ内容に触れることになるわけですが、あとに行くほど楽しく学習できるのです。これによって、脳が活性化された状態での記憶へ定着できているように思います。

このシーンでは、マインドマップが持っている要素以外も重要であり、それは「知の集合」と呼ぶべき集団の行動です。しかし、それを実践しやすいのがマインドマップであるというのも事実であり、そう考えれば実は「知の集合」もマインドマップが持っている要素と言えるのかもしれません。

受動的に学習するのではなく、主体的に学習する工夫が凝らされていることを感じていただけたでしょう。何よりも、マインドマップを活用することで、既存の指導方法にとらわれず、オリジナルな指導方法を考え出していることが、訓練生にも伝わっているのではないでしょうか？　新しいことに挑戦したくなったり、ちょっと違ったアイディアが思い浮かんだりするのも、マインドマップのメリットのひとつだと思っています。

グループでマインドマップを描くというのは、なかなか経験できませんが（マインドマップを理解している人が同時に存在している必要がありますからね）、とても楽しい経験です。「三人寄れば文殊の知恵」ということわざも、本当だったんだと思えるほどの衝撃を受けます。自分の描いた枝の先に、他の人が言葉を乗せていき、それが自分が思っている以上のアイディアだったり、他人の言葉に刺激を受けて、最初に考えていた以上のアイディアが思い浮かんだり……。集団学習の相乗効果を感じられる使い方です。

いつも意見を言う人が限られている、というような場合でも、グループマインドマップを取り入れることで、ふだんは発言しないような人がさりげなく枝を描いていたりする姿につながります。マインドマップだと、発言するというプレッシャーを感じることなく、自分の意見を出しやすいのです。そして、想定以上の発想を得ることも可能になります。

なお、今回の例では、間違って描いた箇所を消して修正しています。基本的には、間違えたものもそのまま残しておくのですが（二重線などで消す）、必ずしもすべてのマインドマップに当てはまるとは限りません。この例のように決まった内容を覚えるためのマインドマップなら、きちんと修正をしたほうが効果的でしょう。

マインドマップにはさまざまなルールがありますが、それらは絶対に守らなければならないわけではなく、きちんと理解したうえで、あえて外すことは問題ないのです。そのマインドマップを描くことの目的をしっかりと持ってさえいれば、より適した描き方にアレンジしていただいて結構です。

マインドマップがつないだ心の交流

これは、マインドマップに興味をもった先生が、実際に授業に取り入れていったプロセスを振り返ったものです。職場でも学校でも「取り入れてみたいけど、なかなか周囲の理解を得られない」という声を耳にします。自分が楽しく使っていくことがスタートだと思いますが、それが広まっていく素晴らしさを、Mさんのストーリーが教えてくれます。

★Mさん（男性・30代・小学校教諭）

東京に出張したときにたまたま購入したマインドマップの本を読み、独学でマインドマップを描きはじめました。これはすばらしいものだと感じ、さっそくその出張の報告書をマインドマップにして校長に提出しました。

何枚か描いているうちに「これは授業でも活用できるぞ」とひらめき、当時担任していた4年生の学級でマインドマップの描き方を教えました。児童たちの反応はとても良いものでした。私と同じようにマインドマップにはまっていきました。

その集中ぶりを見て「5年生になったら本格的に学級経営の核として活用していこう」と思っていたのですが、予想外に、担任を持ち上がることができませんでした。

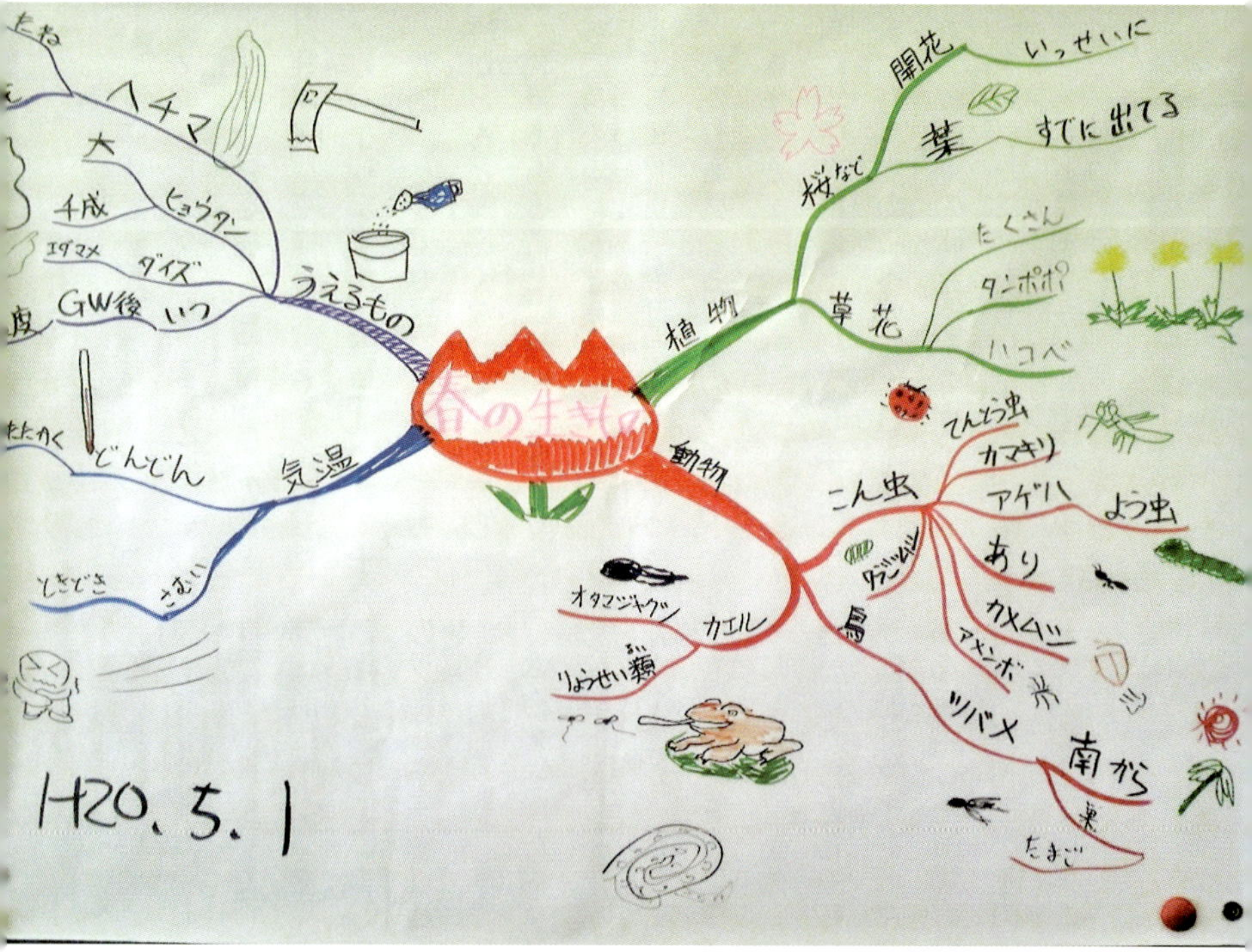
春の生きもの
うえるもの
たね
ヘチマ
大
千成
ヒョウタン
エダマメ
ダイズ
GW後
いつ
気温
どんどん
ときどき
さむい
植物
桜など
開花
いっせいに
葉
すでに出てる
草花
たくさん
タンポポ
ハコベ
動物
こん虫
てんとう虫
カマキリ
アゲハ
よう虫
ダンゴムシ
あり
カメムシ
アメンボ
鳥
ツバメ
南から
巣
たまご
カエル
オタマジャクシ
りょうせい類
H20.5.1

そこで、新しい4年生と一緒にマインドマップ活用を模索していくことにし、入学式の次の日からマインドマップを描きはじめました。やはり児童の反応はとても良く、すぐにマインドマップを描くことが普通のこととなっていきました。

そのころ自分が授業で描いていたマインドマップ（前ページ）を見返すと、非常に粗末で恥ずかしくなりますが、当時はこれで十分効果を感じていました。マインドマップという、教師にとっても児童にとっても未知のツールを一緒に活用していくことによって、絆がどんどん深くなっていきました。

そのうち、我流であることに我慢できなくなり、本物を学びたくなりました。できれば児童たちにも本物を学ばせたいと思い、ブザン教育協会（現・学び力育成協会）に講演依頼を出しました。無理だろうと思っていたのですが、奇跡的に講座開催が決定しました。わたしも児童も本物のマインドマップを学び、さらにマインドマップ活用に弾みがつきました。

翌年は無事に担任を持ち上がり、5年生になった児童たちとともにマインドマップを描き続けました。このころから1日1枚は授業か宿題でマインドマップを描くようになりました。校内での研究授業でマインドマップを活用した国語の授業を公開し、全職員の度肝をぬいたこともありました。県立美術館に行って、その場でマインドマップを描いたこともありました。北海道の小学校との交流会で巨大なマインドマップを使って地域の紹介をしたこともありました。

気がついたら、わたしと児童とで数千枚のマインドマップを描いていました。「6年生になったら全国から授業を見に来るようになるぞ」と次年度への夢をふくらませていたとき、それはやってきました。異動（転勤）です。そのことをストレートに伝えると、男子も女子も号泣しました。わたしも泣きそうになったのですが、キャラクターに合わないため最後まで涙は見せないと決めていました。

次ページのマインドマップはわたしが児童の前で最後に描いたマインドマップです。修了式と離任式の間の1時間で、最後の語りをしながら描きました。

最初のメインブランチは「やったこと」としました。マインドマップ、ワールド・カフェ、学び合い……本当に色々なことをやってきました。子どもたちの中にはわたしが異動することによって、これらが終わってしまうことを危惧している子もいるようでした。そこでわたしは、これらをゲームの最強の武器や防具にたとえました。

「わたしはあなたたちに最強クラスの武器や防具を与えました。でも、いくら最強のアイテムを装備していても本人のレベルが低ければ高レベルのモンスターやボスキャラには勝てないでしょ？　だから皆さんには、これからもどんどんこのツールを使ってレベルアップしてほしいと思っています。新しい担任の先生がこれらを知らなくても、どんどん自分で使っていってほしいです。新担任のルールの範囲内でも、いくら

なれる
いいところ
やりとげる
新担任
10年目
のぞむこと
ラスト
やったこと
あいさつ

今までありがとうございました

See you again!

でも使う余地はあるだろうし、皆さんなら自分たちだけで使いこなせるはずです。皆さんがこれらのツールを使ってきて『良いな』『楽しいな』と思ったなら、どんどん使って新しい先生や後輩たちに見せてあげてください」

そして離任式終了後、わたしは児童たちからプレゼントをもらいました。色紙マインドマップです（前ページ）。これを見たとたん、今までやってきたことがしっかりと定着しているなあとしみじみ思いました。写真ではわかりにくいのですが、色紙を横置きにして描いています。何も言わなくてもマインドマップのルール通りに描いているのです。わたしがいなくなって、新担任がマインドマップを使わなくても、この子たちの何人かはツールとして活用し続けてくれると確信しました。

現在、わたしは転任先でもマインドマップ活用を続けています。

マインドマップを学級で、校内で使うツールとして広めた実績も素晴らしいですが、子どもたちとの心の交流にも役立っている点に感動します。単に勉強を教えてくれる先生ではなく、「マインドマップをどんなふうに使っていこうか？」と一緒に考え、実践してきたことが、より深い信頼関係につながったのだと思います。

マインドマップも、描き続けていくうちに、どんどんと自信のあるものに変化していっている様子がうかがえます。慣れることで、オリジナリティが発揮されていくのです。

4

みんなのマインドマップ
活用例③　仕事で

この章では、仕事でマインドマップを活用している方の事例を紹介します。仕事でマインドマップを活用するのは、単に自分の効率をアップするためだけではありません。俯瞰できるというマインドマップの利点を生かして、システムや仕組みを見直したり、再構築したりする際にも大いに活用できます。もちろん、仕事のスキルアップや学びのためにも活用できます。

また、職場でのストレスの大部分はミス・コミュニケーションです。自分が考えていることと一緒に仕事をしている人の解釈が違って、トラブルになった経験はないでしょうか？　マインドマップを活用すれば、自分を客観的に捉えることができるので、すれ違いや思い違いを防ぎ、コミュニケーションを深めていくことができます。

一枚にすべての要素が描き込まれるマインドマップなら、目の前にある問題だけでなく、その背後にある要素や、意外なところでつながっている要素をも見渡すことができます。視点を広く高く持つことでモチベーションがアップし、仕事のクオリティも高くなることでしょう。個人のパフォーマンスだけでなく、その先の大きな意義まで見渡せるのです。

マインドマップ手帳

みなさんは手帳を何のために使っていますか？ ひとりひとり目的は違うと思いますので、その目的に応じて、マインドマップの取り入れ方も違ってくるでしょう。ですから、マインドマップを手帳に取り入れることを第一目的にするのではなく、手帳を何のために使っているか、現状の記録方法とマインドマップでどう違ってくるかを考えたうえで、取り入れるようにするといいと思います。

Aさんは体育教師で、マインドマップ手帳で毎日、予定の確認をしているそうです。

★Aさん（男性・50代・体育教師）

一日を手帳で始め、手帳で終了するよう心がけています。

前日に翌日の予定ややっておきたいことをマインドマップにします。マップを描き上げたらとりあえず完了なんですが、出勤途中、または朝の打ち合わせで頭に浮かんできたことを、あとからブランチを伸ばしたり付け加えたりして記入していきます。

単語とブランチだけですから、瞬時に記入でき、頭に浮かんだことをどんどんストレスなくメモしています。ここに書き込んだことで、一日のスケジュールの大半を頭の中に入れることができます。

この仕事に就いて以来、毎年、手帳の様式を変えてきました。今まではすべて縦か横の罫線で囲んだ表で、時系列で俯瞰はしやすかったです。しかし、その日、その時間に書き込む量が増えてくると当然枠外へ。そのため枠外の言葉を見落としたり、時間や日付を見間違えたりすることもありました。

その点マインドマップなら、あるひとつのことにいくつものブランチを描き足すことができ、罫線で区切られていない分自由に描き込めるので、余白を活用できるとともに気持ちにゆとりも生まれます。

一日の最後に、もう一度ブランチを伸ばして出来事を描き込むと、スケジュール確認だけでなく、その日あったことの記録もできます。授業や生徒の反応、保護者からの連絡などをブランチを伸ばして描き込むことで、予定表から記録表になります。出欠席や早退、遅刻などの確認から、生徒の様子の変化の始まりに気づいたりできるようにもなりました。こういったメモには、イラストや図をアイコン的に使っています。

週や月単位の予定は、どんどん新しいものが入ってきます。そのため、表や四角で囲まれていないマップならどんどん追加しやすく、たとえばまったく予定が入っていない日の空きスペースへもどんどんはみ出して描き込むことができます。週予定では時系列に1日ずつブランチを伸ばし、月予定では曜日ごとのブランチに分けて、その上に日付が並ぶところに最初は戸惑いましたが、それ以上に周りにいろいろと描き込めることのほうが魅力です。

1日の予定表では、特に前日から翌日への流れ（前ページから次のページへの流れ）を意識して真ん中には日付を入れているだけです。1日が1本のブランチで、24時間を360度全方位と考えて、閉じていない円をイメージしています。1週間は1日のブランチを伸ばしたもの。1か月は曜日ごとにつなぎ合わせたもの。

そして、1年は1か月のブランチが12本集まったもの。1年にはセントラルイメージがあって、1か月、1週間、1日はすべてブランチというふうに、1年間のマインドマップだとイメージしています。ですから、1日や1週間にはセントラルイメージを入れていません。

マインドマップで予定を描くようになって、試行錯誤しながらも2年目に入りました。描きやすいようにいろいろと変えてきましたので、自分さえわかればいいということで、ルールと合っていないところも多々あると思います。

クラス担任も持っていて、体育の専科として授業を持っていると、勤務時間のほとんどが細切れ時間になっています。その細切れの時間を活用しつつ、じっくりと取り組む仕事がある場合には、まとまった時間をいつ確保するのかを、あらかじめ見通して考えておく

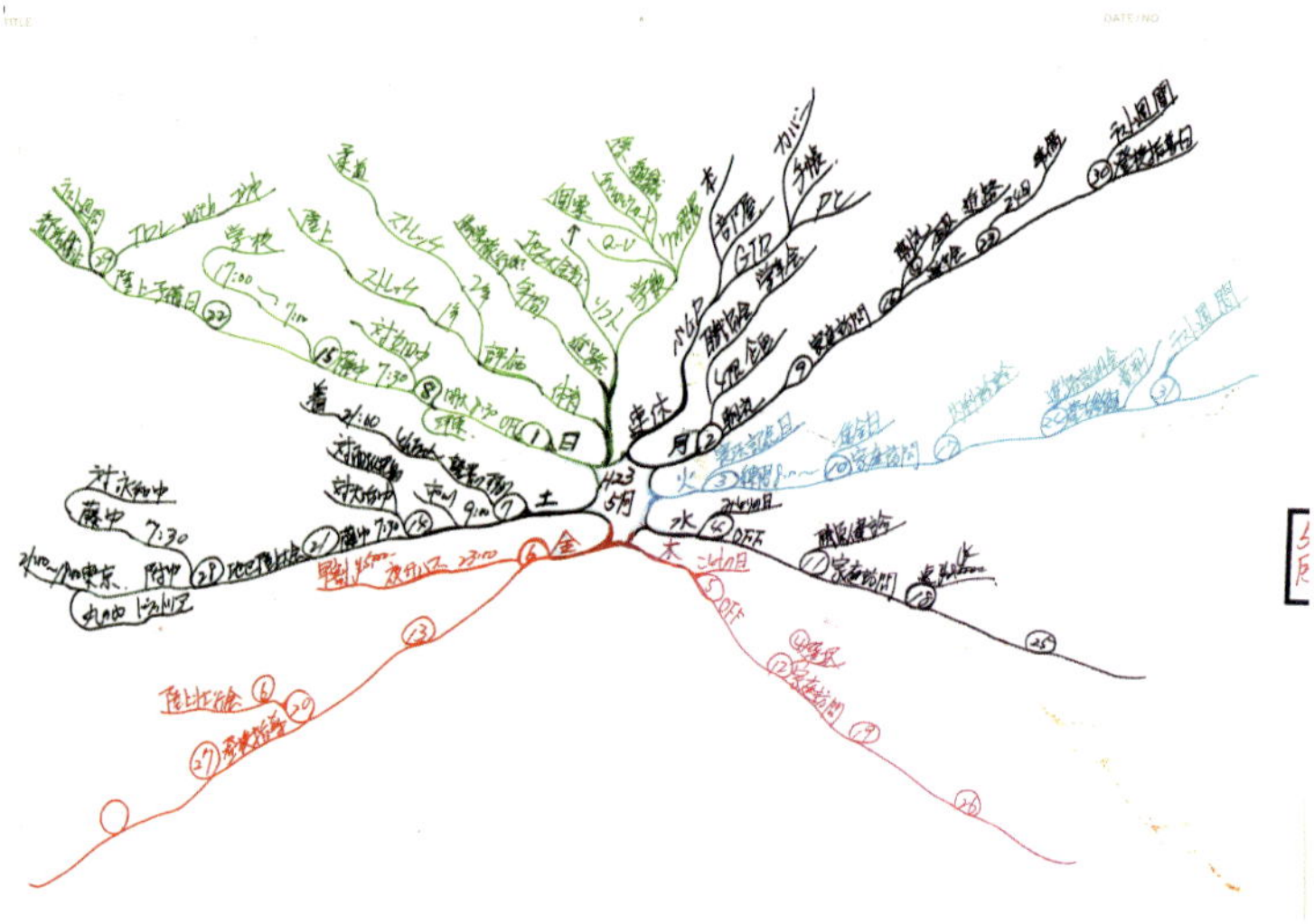

必要があります。そんな場合にも、全体を捉えつつ部分部分も把握できるマインドマップは適しています。

Ａさんのように教職にある人だったら、年度末・学期末など多忙な時期にやるべきことをマインドマップで洗い出しておく、という使い方はとても有効だと思いますし、締め切りを抱える仕事のビジネスパーソンにも同様に活用していただけるでしょう。

マインドマップの描き方としては、セントラルイメージの大きさが残念ですね。単純な形にするにしても、もう少し大きめに描くと、上位の階層でも枝分かれしやすくなります。そうすれば、たとえば日付の次を「予定」「打ち合わせ」「生徒指導」「出欠状況」などの枝に分けることができ、５階層も６階層も伸ばさずに、全体をコンパクトに仕上げることができるでしょう。

情報を収集・共有するマインドマップ

Ｋさんは、認知症対応型グループホーム計画作成者（ケアマネージャー）兼介護主任という立場で、２人のお子さんを抱えるお母さんです。夜勤もある変則勤務をこなしながら、ご両親との3世代同居をされています。まさに、コミュニケーションをしなければならない場面尽くしです。

「まあ、いいか」と聞き流したり、「しょうがない」とあきらめて自分がやってしまったり、やれなくても見過ごすことも、円滑な人間関係のためには必要でしょう。でも、そんなことを繰り返すばかりでは、いつしかむなしさを覚えてしまいます。時には根気よく向き合って、その結果、相手の気持ちを汲もうとする姿勢が伝わった時のコミュニケーションの密度の濃さは感動的です。

だからこそ、グループホームだけでなく、保育園などの援助職といわれる仕事に関わる人には、ぜひマインドマップを使っていただきたいと思うのです。やらなければならない仕事をピックアップするだけでも効率がアップしますが、相手がどのように感じて考えたのか、というきめ細かいケアのための相互理解には、マインドマップというのは本当に最適なツールだと思います。

★Kさん（女性・30代・ケアマネージャー）

基礎講座を受けた帰りの車の中で、グループホームの利用者さんを中心としたアセスメント（情報収集、課題分析など）に有効で使いやすいと思い、描いてみたくてたまらなくなりました。

全体像を把握するのが苦手なわたしにとって、MM（マインドマップ）はとても有効でした。アセスメントは情報の量がとても多く、まとめて課題分析するには、経験と知識が必要でしたが、問題になっている点、本人の発揮できる力、本人が困っている点など、全体的に把握することができ、なおかつ、それぞれ別だと思われていた問題点に共通点があり、じつはこれが原因であったと発見することもできたりしました。

他のスタッフと状況を共有するためにも有効でした。不足しているところ、違う角度から見た視点を書き足せる点でもとても使いやすく、時間がたって変わったところも書き足すことができると思っています。コピーして、継ぎ足すことで、全体の変化の流れが把握しやすいと感じています。ただ、日にちを書くのを忘れていたので、今は、日にちも記入して時間の流れもわかるようにしています。

また、ケアプランでは、総合的な援助の方針を中心に、長期目標↓短期目標↓具体的ケア↓誰が、いつ、どれくらいの頻度で行う、というのを全部書くことができるので、今やっているケアはこの目標のためにやっているというのがわかりやすいし、説明しやすいと考えています。今やっているケアの根拠を説明する、理解するにはとてもわかりやすいです。介護現場、看護の現場では、根拠を明確にした考え方の全体像を把握できるので、もっと広まればよいなと感じています。

その他では、現場の業務がうまく回っていくためにどうしたらよいか、人材をどう育てていくか、その仕組みを考えるためにMMを使いました。また、研修をどう組み立ててどんな内容で行うかを考える時にも使いました。頭の中にあることを書くことで、自分の考えが浅かったことや、広がりがないことに気づくこともありました。

箇条書きだとコピー用紙3枚分くらいになる情報を一枚にまとめられるのも魅力です。読んだ本の内容を自分のものにしたいと思った時に、2回めに読みながらMMにまとめたこともありました。アウトプットするので記憶に残りやすく、思い出すのが楽になりました。この枝のここら辺に何かあった、という感じでも考えられました。

資料を探すより、MMにして保存したほうが次に見る時に断然使いやすく、前の自分の考え方に出会えて、昔の自分も悪くないなと感じたこともありました。わたしにとってMMは、全体像を把握するために大いに役立ち、スタッフみんなで情報を共有するためにも有効なツールです。これからも、仕事で、プライベート（自分の思いを吐き出す）で、MMを使っていきたいと思います。

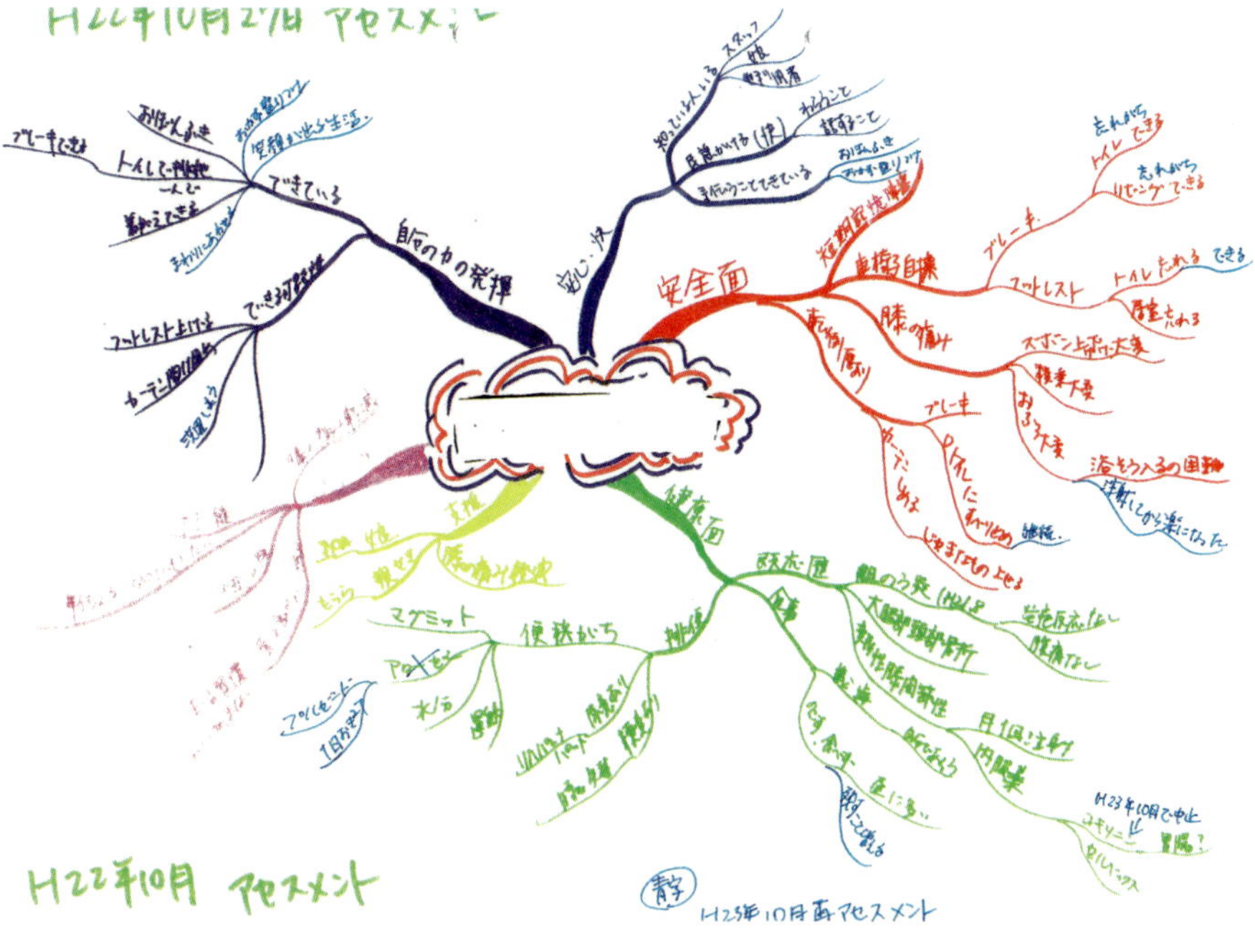
H22年10月 アセスメント
青字
H23年10月再アセスメント
自分の力の発揮
できている
安心・快
安全面
健康面
支援
膝の痛み
排便
便秘がち
マグミット
ブレーキ
フットレスト

Ｋさんもそうですが、ワーキングマザーのように、いくつものことを同時にこなさなければならない人にも、わたしはマインドマップをおすすめしています。もともと女性の脳は、パラレルな思考ができると言われています。つまり、何かをしながら別のことをやるだけの能力が備わっているというのです。

帰宅後に洗濯機を回しつつ、お風呂のスイッチも入れ、食事を作る。もちろん、子どもが甘えてきたり空腹を訴えてきたりした場合にも、素早く対応する。お風呂に入れつつ、食事の片付けも洗濯も翌朝の準備もあるし、寝かしつけるためにお話をしたり、本を読んだり……。

人生の中で、時間のやりくりがいちばん大変で、なおかつ充実している時期だと思います。その反面、今の状態がいつまで続くのかと不安や焦りを感じやすい時期でもあります。子どもの病気やけがで急に休みをもらわなければならなくなったり、仕事に専念できる同僚をうらやましく感じたり、独身の友人が優雅に見えたり、夫とのコミュニケーションの質が変化したり……。

でも、マインドマップを活用すれば、自分の抱えている仕事を共有化しやすくなります。また、慌ただしい毎日の中で、うっかり忘れを防ぐ役割も果たしてくれます。それだけでなく、自分の内面とじっくり向き合ったり、将来設計を考えたりするうえでも、お気に入りの文房具で、大事な手帳にマインドマップを描く時間を持つといいでしょう。

マインドマップでトラブル解決

次は、職場でのトラブル対応のマインドマップです。トラブルの状況や解決方法を、当事者だけがわかっていればいいのではなく、多くの人に周知することが重要です。マインドマップにすることで、どんなことが行われているのか、どこまで進んだのか、この先どんなことをしなければならないのかがひと目で把握できます。

トラブルだけでなく、イベントなどの進捗状況の把握にも有効です。一部の人がわかっていればいいというものではなく、全員が主体的に参加できるようになるのです。

★Iさん（男性・40代・小学校教諭）

3・11の大地震から1週間。18日になって、ようやく電源が使えるようになりました。小学校の職員室では大きな問題が発生。

それは、仕事上のデータをバックアップしていたサーバーの破損と、データセンターとの回線断絶。故障したサーバーには過去5年分のデータの蓄積があり、学校の年度末・年度始めにはなくてはならないものばかり。とりあえず前年度のものが、3月10日午後9時時点まで外付けハードディスクにバックアップされていました。

数日後、電源は復旧したので、仕事を進めるには職員室内のネットワークをどうするかが次の課題でした。データセンターの業者とは全く連絡がとれず、素人だけでどうしようかと、〝青く〟なりながら描いたのがこのMM。悶々として過ごすより、まずマインドマップを描くことで、できること、できないことがはっきりしました。そして、できることをどう具体化するかまで俯瞰することができました。

このマインドマップを同僚に見せながら「いいんじゃない」とOKをもらい、管理職も「それでやって」とGOサイン。わたしのノートパソコンに外付けHDをつなぎ、共有設定をし、そこへ職員室内ネットワークを通じてそれぞれの職員がアクセスする。そんな仕組みにしました。おかげで、年度末・年度始めの仕事は普段通りできる環境になりました。

データセンターが復旧し、サーバーが修理から戻ったあと、外付けHDからサーバーへデータを上書き保存して一件落着となりました。

マインドマップを描いたことによって、できること・できないことがはっきりして、気持ちに落ち着きを取り戻したことがわかりますね。そして、マインドマップの枝をどんどん増やしていくことで具体的な方法を考えています。

マインドマップでできること・できないことを考えていく場合、つい正解だけを枝に乗

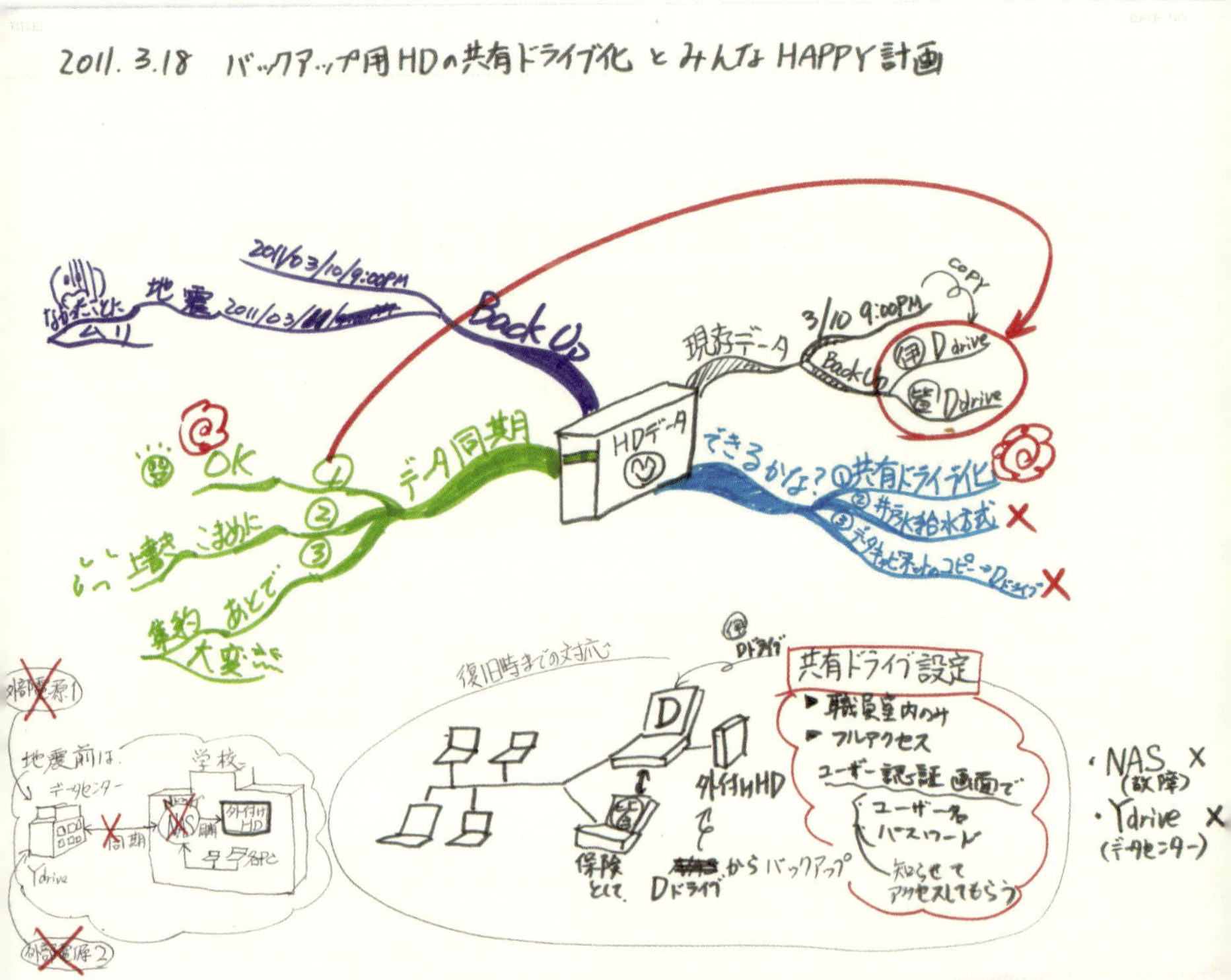
2011. 3.18　バックアップ用HDの共有ドライブ化 とみんなHAPPY計画
Back Up
2011/03/10/9:00PM
地震
HDデータ
現存データ
3/10 9:00PM
Back Up
COPY
D drive
Ddrive
データ同期
①
②
③
OK
上書き　こまめに
集約　あとで
大変
できるかな？
①共有ドライブ化
復旧時までの対応
共有ドライブ設定
▶職員室内のみ
▶フルアクセス
ユーザー認証画面で
ユーザー名
パスワード
知らせて
アクセスしてもらう
外付けHD
からバックアップ
Dドライブ
保険として
Dドライブ
地震前は
データセンター
学校
同期
Ydrive
・NAS ×
(故障)
・Ydrive ×
(データセンター)

せたくなるのですが、思い浮かんだアイディアはすべて描いておくといいでしょう。Iさんの例で言うと、青色で描かれた「できるかな?」の枝です。こうしておくと、自分の考えや、自分が持っている情報を、周囲と共有することができます。自分ではできないと思っていても、同僚は「できるよ」と言ってくれるかもしれないのです。

このように互いの状況を共有し合えば、それぞれが求めている情報やスキルを提供しやすくなり、あらゆるコミュニケーションをスムースに行える職場になるでしょう。

マインドマップで講演メモをとる

講演やセミナーの記録にマインドマップを活用している人は多いでしょう。それぞれ、オリジナルの使い方があると思います。一方で、セミナーまとめのマインドマップを描けるようになる目的で、マインドマップの講座を受講する方もいらっしゃいます。自己流だとうまくいかないという課題を抱えている方も少なくないのです。

そういう人は、キレイなマインドマップをリアルタイムで描きあげることを目的にしてしまって、マインドマップへのハードルを高くしているのです。セミナーや講演でマインドマップを描く目的は何か？　もっと言うならば、そのセミナーや講演を受講する目的は何なのかを考えてみてはいかがでしょう？　それは決して、「キレイなマインドマップを描くこと」ではないはずです。

★Aさん（男性・50代・公務員）

会議の資料のキーワードや発言者の気になった言葉から、ブランチが自然に広がっていきます。その会議や発言者の内容に筋が通っていると、ブランチも気持ちよく伸ばすことができます。

会議では、資料やレジュメからキーワードを拾って、そこからブランチを伸ばしていきます。拾ったキーワードが正しければ、そこから何本もブランチが伸びていきます。キーワードは文書中ではなく、話し手の言葉の中にあることもあります。ですから、きれいなマップになったときは、自分のキーワードの設定、あるいは話し手の話し方や自分の理解がよかったときだと考えています。

ブランチと単語だけで処理していくので、アンダーラインや文章を書き足していたころに比べると格段にメモの量が増え、大切な点を落とさなくなりました。何よりも、つまらない話でもキーワードを探したり、自分の考えや相手への反論を書き加えたりして、能動的にメモがとれるようになりました。

わたしもインストラクターになってからいちばん活用したのが、講演やセミナーの受講記録のマインドマップです。最初のうちは、講師の話を全部記録しようとして、講演内容の理解よりもマインドマップに熱中していた、なんてこともありました。そのうちにマインドマップで記録することにも慣れて、議事録のように、漏れなく記録できるようになりました。

しかし、そうなるとマインドマップで読み返したときに、自分にとって重要なことが埋もれてしまって、わかりにくいものになっていたのです。それでは本末転倒と、その後は

②　今年度の研究テーマ

「生きる力を培う進路指導」

③　研究推進の方向

ア　「生きる力」を培う啓発的な体験活動など進路指導のあり方について、特別活動の実践や総合的な学習の時間を通して研究する。

イ　進路情報資料として、引き続き「面接資料集」の冊子づくりを行う。

ウ　情報提供のあり方（進路説明会・進路相談・進路指導室の運営・コンピュータの利用など）について研究する。

エ　キャリア教育を進めるために、小学校・中学校さらには高等学校との連携をいかに進めていったらよいか研究する。

7　質疑応答

8　研究状況の報告（別紙）

・神守中学校　　小杉　良輔　先生

研究テーマ　　自己の生き方を考えよう

－自己を知り、自己を取り巻く社会を知ることを通して－

・七宝北中学校　　小川　　淳　先生

研究テーマ　　自分らしい生き方について考える

－新聞記事から人生を学ぶ－

9　質疑応答

10　指導助言

11　連絡依頼

（1）『研修会』の開催について

日　時：　8月23日（火）　午後

場　所：　佐織中学校

内　容：　講師の先生を招いて、キャリア教育についての話を聞く

＊　詳しくは後日、案内文書を各学校に送らせていただきます。お誘い合わせの上ご参加下さい。

自分にとって大事なことだけ、印象的なことだけを記録するようにしました。そうなってくると、今度はノートの使い方が違ってきます。ずっとマインドマップ用のノートを持ち歩いていたのですが、最近はそれもやめています。というのは、資料やレジュメとマインドマップが別々になってしまい、見直しが面倒になるからです。

今では、配布された資料・レジュメに直接マインドマップを描いています。そのマインドマップは、本当にラフなものです。せっかく時間もお金も投資したセミナーだったら、そこで得た知識を自分のものにしたいので、「これだけは覚えて帰ろう」「このことは必ず実行しよう!」というものを記録するようにしています。そのためには、ポイントを絞りに絞ったほうがいいので、「描かない勇気を持つ」ことも大切だと思います。

マインドマップは単語で記録するので、漏れなくメモしようと思えば、できなくありません。そこが曲者で、「漏れなくマインドマップに描いている自分」に陶酔してしまう場合が多いのです。そんなことで肝心な内容が埋もれてしまうより、受け取る情報をしっかり取捨選択してマインドマップにしていきましょう。

講演記録を別紙に記入する人も多いと思いますが、もらったレジュメにちょこっと描き加えていくという方法は、保管のしやすさという点からも便利ですよ。

聞いた話をまとめるマインドマップ

わたしはプロコーチとしても活動しており、コーチングの記録をマインドマップで残しています。枝がどんどん伸びるところは、クライアントさんもしっかりと考えていて、柔軟に対応できる点であることが多いです。枝が伸びないところは、考えているつもりで考えられていなかったり、思い込みが強くて柔軟に考えられないところだったりします。

また、クライアントさんが次々と答える内容を、「総括するとこういうことになりますよね？」とフィードバックすることで、クライアントさんの思考が一段と高まることも少なくありません。つまり、自分のことを客観視するのに、とても役に立つのです。

ここで紹介するマインドマップは、小学校の養護教諭をしているSさんが、子どもからの訴えをまとめたものです。マインドマップは、受ける側にも、聴いている側にも、内容が確認しやすいため、カウンセリングやコーチングの場面でも活用されています。

★Sさん（女性・50代・小学校養護教諭）

ある日、保健室にひとりの児童がやってきました。表情や発する言葉から、どうも色々と不安や悩みを抱え込んでいて、保健室登校になりそうな雰囲気でした。このまま様子を見ているよりも、早めに何らかの対応をしたほうがいいのではと判断し、保健室に来てから2日目には、マインドマップを使って話を聞いていました。

いきなり本題に入れるわけではありません。最初は、マインドマップに記録されることに慣れてもらうためにも、簡単な会話からしていきました。このマインドマップは6枚目です。児童のもやもやした気持ちを負担なく聞き出せただけでなく、マインドマップという見える形にしたことで、抱えている問題を予想することができました。

さらに、担任や他の職員とも共有することができ、保健室登校になる前に解決につなげることができました。

担任からの視点、養護教諭からの視点など、ふだん互いに共有されていない情報を共有するためにもマインドマップは活用できます。福祉や保育、教育、医療の現場では、ひとりのクライアントに複数の人間が関わっているケースがほとんどなので、自分は知っていても他のスタッフは知らない情報もあります。クライアントをセントラルイメージにして、互いに知っている情報を描き込むことで、より綿密な情報共有がなされます。

また、聞いた話をまとめる場合、マインドマップで記録することによって、矛盾点や関連性に気づきやすくなり、より深い理解を得られます。

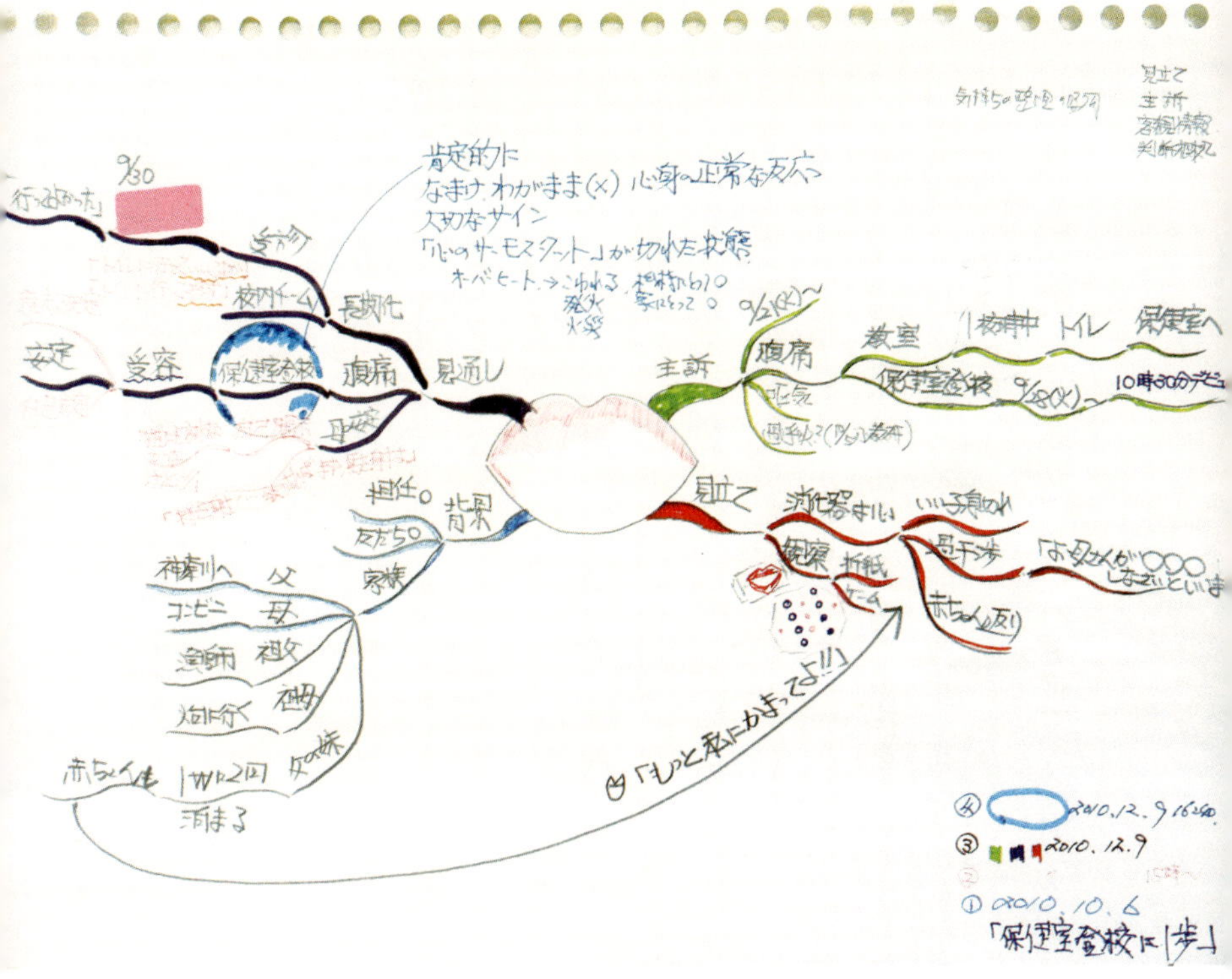
肯定的に
なまけ、わがまま（×） 心身の正常な反応
大切なサイン
「心のサーモスタット」が切れた状態
見通し
長期化
校内チーム
受容
安定
欠席
主訴
教室
トイレ
保健室へ
保健室登校
10時30分デビュー
見立て
折紙
赤ちゃん返り
背景
担任
友だち
家族
父
母
神奈川へ
コンビニ
漁師
畑に行く
赤ちゃん
泊まる
「もっと私にかまってよ!!」
2010.12.9
2010.10.6
「保健室登校に1歩」

マインドマップで業務内容を見直す

次は、業務内容の見直しのマインドマップです。

カラフルなマインドマップでなければ、また、イラストを描いていなければマインドマップではないと思いこんで、マインドマップを敬遠している人も少なくないと思いますが、マインドマップというのはもっと自由なものだと思うのです。

効率よく仕事をしなければならないのに、セントラルイメージにじっくり時間をかけて、カラーペンをたくさん使って……なんてやっていたら、職場では冷たい眼で見られてしまうことでしょう。現に、職場でのマインドマップ使用禁止を言い渡された人もいると耳にしています。「カラーペンで落書きばかりしている」というのが理由のようです。

新しいツールに対して抵抗感の強い職場だったのかもしれませんが、マインドマップの取り入れ方にも工夫ができたのではないかと思います。いきなりルールをすべて守ったフルマインドマップを使うのではなく、周囲の心理的な抵抗を少なくするためにモノトーンで描いていく、ひとりでさりげなく使って、周囲の興味を高めてから紹介するなど、いろいろな工夫の仕方があると思います。

新しいツールに興味を示す人もいますが、警戒心を抱く人も少なくないので、周囲の人のことをよく理解したうえで、円滑な導入方法を考えていくべきでしょう。何よりも、周囲にマインドマップを広めようとするよりも、マインドマップを使って仕事の成果を出していくことで、周囲が気になって仕方ない・放っておかない状態にしてしまうのが最高の紹介方法だとも感じます。

★Nさん（男性・30代・会社員）

地元の工務店で、木造住宅の設計・積算の業務をしています。昨年から新しい部署（積算課）に配属になり、本格的に積算業務に取り掛かることになりました。今までも、変更見積もりなどのちょっとした見積もりは作成していましたが、新築住宅の見積もりをゼロから作成するのは初めてです。

弊社の積算システムはエクセルの表計算で独自に作成しており、かつ、このシステムをそれまではほぼ1名の社員が担当していたので、本人は理解していても、他の人が作業をするとなるとなかなか取り組みにくいものになっていました。この積算システムを社員の誰でも使えるようにすることが最終的な目標になるため、システム自体ももっと分かりやすいものにしていかなければいけないと思うようになりました。

そして、まず手をつけようと思ったのが「手拾い（計算式が使えず、図面上で数を数えて拾う）する項目の時間短縮」です。その問題点と改善点を明確にするため、マインドマップを描くことにしました。マインドマップのメリットは、一人会議ができる点です。一人でも、自分と対話しながらたくさんのアイデアが出ます。描いた後も、あのときの自分はどんなことを考えていたのか分かるところが気に入っています。

マップを描きはじめてまず考えたのが、どこから手を付けたらいいかです。現在手拾いをしている項目をピックアップすると同時に、拾い漏れをなくす方法は何がいいかも並行して考えていきました。MMは、並行して2つ3つのことを考えても、メモ感覚で描き込んでいけるので、アイデア忘れもなく、それぞれのテーマ別でまとめることが容易なのでとても便利です。MM講座受講以前では、できなかったことです。

そうやってMMを描いていると、あることに気付きました。手拾いにしても「ある程度数量にルールがあるもの」と「変更見積もり依頼がきたとき、変更が容易にできるもの」があるということです。これを表計算にすると時間短縮に一歩近づくと思いました。それから、この2つのことができる項目は何があるか、さらに掘り下げていきました。今度は、掘り下げると同時に表計算上にどういう項目を作ればよいかも考えていきました。項目もさらに絞っていけないかというのも考えました。

そのMMが掲載のものです。このMMを元に、エクセルで表計算の作成に入りました。必要な項目が一目瞭然なので、項目を埋めていくのはあっという間にできました（エクセルを開いてから何が必要かなと考えるより、一度MMに落としておくと描き

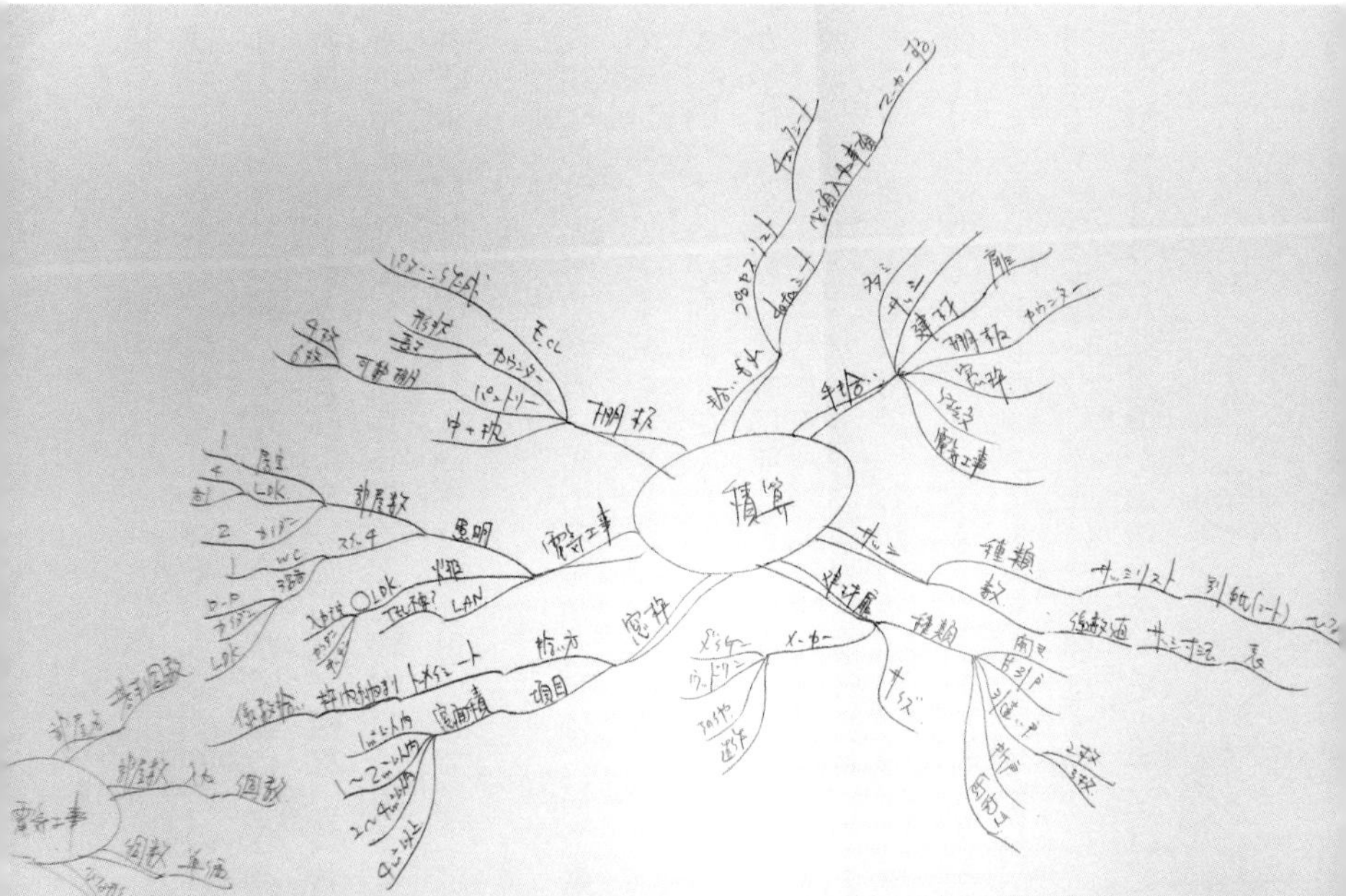
積算
電気工事
窓枠
サッシ
種類
数
メーカー
LDK
LAN

漏れや時短につながりますね！）。

その表を使用してみると、感覚でも分かるくらい手拾いのスピードがアップしました。特に「変更見積もり依頼がきたとき、変更が容易にできるもの」は、拾い漏れや変更箇所の数量チェックなども容易になりました。積算に慣れないわたしでも、ミスしている箇所が発見しやすくなりました。まだ試作の段階ですが、少しずつ手を加え、受け入れられるように随時改良していきたいと思います。


マニュアルや仕事上の注意事項が書いてある書類などは、箇条書きのものが大部分だと思います。わからない時はそれを見ればいいのでしょうが、どこにどんなことが書いてあるのかもわからず、調べるのが面倒くさくなります。わかっている人は、どこを確認すればいいのかがわかっているため、余計に能力差が開きやすいのです。

詳細な記述のマニュアルはもちろん必要ですが、その要約をマインドマップ化しておくと調べやすくなります。要約する段階で、わかりやすいマインドマップにするために内容をしっかりと把握しようとするので、単に文章を読むだけよりも理解が深まります。

これは、読書のまとめのマインドマップにも言えることですし、教科書のまとめのマインドマップでも同様です。単に思いつくままに枝を伸ばすのでは、使えるマインドマップになりません。上位階層にはどんな言葉が適切か？　その先にはどんな内容が枝分かれするのか？　構造化を反映したマインドマップにするために自然と理解されていくのです。全部でなくても、おおよその内容をマインドマップにしておくだけで、マニュアルが身近な存在になります。マインドマップというツールを媒介にすることで、嫌悪感が少なくなるのです。その結果、マニュアルの理解という大切なポイントが、心理的な抵抗なく行えるのです。「わかりやすくなる」と感じられることも、やる気につながりますね。

Nさんのように、マニュアルを作るために、どんな内容を盛り込めばよいのかをマインドマップで確認するという使い方もあります。どんなことをマニュアルにするのか、どの順番で書くのかなど、全体を理解した上で考えられるので使いやすいマニュアルになります。単色でのミニマインドマップですが、課題を見つけることができ、十分に役立ったことが感じられます。

計画実現のためのマインドマップ

次は、起業したいという夢を現実的なものにしていくためのマインドマップです。

起業に限らず、人は誰でも「やってみたい」「なったらいいな」という夢を抱えています。その夢の大きさはさまざまでしょうが、叶える人と叶えられない人の違いは行動力です。漠然と「いつか……」と捉えていると、具体的に何を考えて、どんな行動をすればよいのかわからないものですが、「本当にやるんだ！」と思えたら、やれること・やれないことを把握できるようになります。

もっと言ってしまえば、それは本当にやりたいことなのか、他のもので代替できるような欲求なのか、といったことも考えられるようになります。独立してまでやりたいことがあるのではなく、休みがほしい、仕事の成果を認めてほしい、別の業務をやってみたい、といった願望であれば、必ずしも起業する必要はありません。社内異動や上司・同僚とのコミュニケーション、仕事のマネジメントなどを模索することでも叶えられるでしょう。

自分が何のためにそれをやりたいと考えているのか、そのためにどうすればいいのかなどを、じっくりと考えていくためのツールとしてマインドマップは有益です。

お客様の満足
する家づくり
悩み相談
不安
不満
クレーム
アンケート
2011.5

★Nさん（男性・30代・会社経営）

私は、起業したいという夢を5～6年前から持っていました。しかし、それまでの夢の形は、一言で言うと「ただ稼ぎたい！」というものに過ぎませんでした。そのため、独立（起業）して何ができるかというと何もなく、本当に（信念のない）夢を語っているだけでした。

起業しようと思い、色々なことをはじめました。しかし、「ただ稼ぎたい！」という思いだけで行動しているので、結果は惨敗。お金もたくさん捨てました。ただ、行動を起こしたことで、さまざまな方と知り合いました。また、本もたくさん読みました。「ただ稼ぎたい！」という想いだけでは絶対に成功しない……成功どころか、起業すらできないと気づくことになりました。

たくさん学び、教えをいただき、行動し、失敗し、色々な経験をしました。その中で、何となくですが自分の理想とする「起業像」が見えてきたように感じました。この経験を生かせば、楽しく満足でき、稼ぎもそこそこある起業ができると思いました。しかし、何がどうなっているのか、何をどうすればいいのかわからなかったので、マインドマップで整理することにしました。

マインドマップを描いてみると、とにかくやることがいっぱいあるなあというのが第一印象でした。起業時は一人でスタートすることになります。サラリーマンなら各部署に各担当が何人もいて、どんなに恵まれているか、しみじみと感じました。しかし、「自分にしかできないこともある！」と信じてMMを描き続けました。描けば描くほど、本当にどんどん出てきます。MMは、いろんなキーワードが自分でもびっくりするくらい出てくるのが、とても楽しく重宝します。

そのキーワードというのが、自分で普段から思っていることはもちろんですが、過去に聞いた話や本の内容、会話に出たこと、自分が考えたことで忘れていたようなことまで、連鎖的にどんどん出てきます。連鎖して出てくるので、さらに新しい発想やアイデアも沸いてきます。

描いて〝見える化〟してみると、自分がどのようなことを考え、どういう方向に進みたいかもわかってきました。そして、それが単に自分のやりたいことなのか、人の役に立とうとしているのかを自然と自問自答しており、思いを明確にすることもできました。いまの自分に人の役に立つために、専門家として、人として何ができるのか？　そして、あと何が必要なのか？　やれることとやらなければいけないことも、はっきりしてきました。

進むべき方向や自分の思いが明確になったことで、心がすっきりし、とても肩の荷が降りたみたいに気持ちが楽になりました。やるべきことを書きとめているので、やることに無駄がなくなってきたように思います。今までは、頭で考えたり、バラバラにメモ帳に書いたりしていました。そうすると、やることに漏れや忘れがありました。しかしMMの場合、ほぼ1枚の紙に全て必要なことをキーワードとして描いているので、漏れや忘れもだいぶなくなりました。

MM1枚を見直せば、すぐに思い出せるので、とても便利です。起業への気持ちに自信がつき、とても前向きになりました。時々、不安になったりしますが、MMを見直すことで、また気持ちに自信が戻り、前向きに行動できるようになります。

思いが明確になったことで、情報収集の仕方も変わってきました。自分にとって、必要な情報も明確になりましたので無駄がなく、効率よく収集できるようになりました。本を読むときも、対話や講演に参加したときも、必要な情報収集のキーワードがありますので、それに沿ったものだけを抜き出すことができるようになりました。

行動にも変化が出てきました。人への接し方。話し方。まだまだ完全には程遠いですが、気遣いもできるようになりました。人は自分の思いどおりにしか行動できない生き物なので、思いが明確になり、変化できたことがとてもうれしいです。

落書きのようなMMですが（トニー・ブザンさん、申し訳ございません！）、今では手放すことのできない思考ツールとなりました。これからも、どんどん事あるごとに使用していきたいと思います。

商品
サービス
高齢者
不動産
感動
感謝
人

人

マインドマップを教え始めた当初、マインドマップを「魔法の杖」のように考えている方が多くいらっしゃいました。仕事上抱えている問題も、将来的な課題も、一枚の紙の上に同時に描いていけば解決すると思っていたのにそうならない！　それは、どういうことなのかと質問されたこともあります。

Nさんの場合、起業というテーマに基づいて何度もマインドマップを描いたことが、とても効果を発揮していると思います。重要な問題であればあるほど、多角的に見ていったほうが安心できます。回数も時間もかけることで、自分の考えも固まります。周囲の理解も得られるようになります。必要な情報を収集する時間も確保できます。

マインドマップでは思いがけない気づきを一度にたくさん得ることも多いので、そこで満足してしまう人も多いのですが、難しい課題や大事な問題に関しては、ぜひぜひ何枚も描いてほしいと思うのです。

自己流で描いていた時の癖が出ていて、枝がやや長めだったりしていますが、マインドマップにすることで箇条書きとは違う思考を手に入れている様子がうかがえます。また、自分に質問して自分で答える、という点では、セルフコーチングにもなっていますね。これによって、自分が何を知っていて、何を知らないのかを確認できたでしょう。

将来設計のマインドマップ

最後に、将来設計のマインドマップについてご紹介しましょう。

新年や誕生日に1年の計画のマインドマップを描く人も多いでしょう。マインドマップは描いていてとても楽しいツールなので、気持ちよく計画を考えることができます。でも、実はこの「気持ちよく」という点が落とし穴になります。どうしてもイラストを描こうとがんばったり、色使いや枝ぶり、そして全体のバランスなどにこだわったりしているうちに、将来設計について考えるポイントがずれてしまうのです。

将来設計の計画は、それを立てることが重要なのではなく、実現していくために存在するものです。何度もお伝えしているように「目的がずれてしまって本末転倒」の状態に陥ったら残念です。

実はわたしも、最初のうちは描いていて気持ちいいマインドマップで満足していました。でも、今は違います。「実現するためには？」という、具体化するための数値が大切だと気づいたのです。「いつまでに？」「目標値は？」と考えていくことで、「それを実現するためには？」という具体的な問題に進みます。

そうすると、色使いを楽しみながらも真剣なマインドマップを描くことができるように

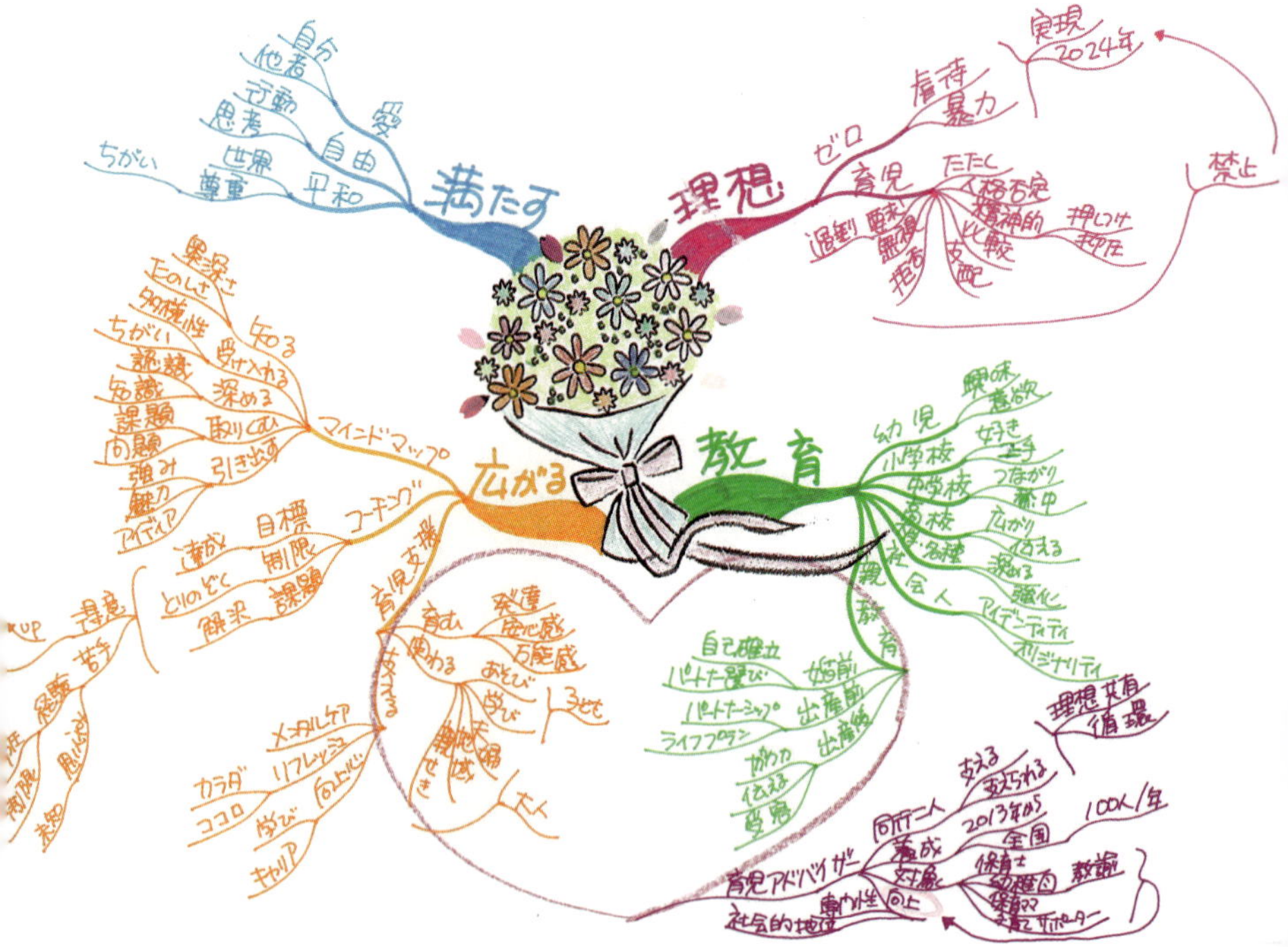

満たす
愛
自由
平和
自分
他者
行動
思考
世界
尊重
ちがい
理想
ゼロ
虐待
暴力
実現
2024年
禁止
育児
たたく
人格否定
精神的
押しつけ
抑圧
比較
支配
過剰
無視
拒否
教育
幼児
小学校
中学校
高校
社会人
興味
意欲
好き
上手
つながり
夢中
広がり
伝える
深める
強化
アイデンティティ
オリジナリティ
親
教育
婚前
出産前
出産後
自己確立
パートナー選び
パートナーシップ
ライフプラン
協力
伝える
理想共有
循環
育児アドバイザー
同行二人
養成
対象
支える
支えられる
2013年から
全国
100人/年
保育士
幼稚園
教諭
子育てサポーター
専門性
向上
社会的地位
広がる
マインドマップ
コーチング
知る
受け入れる
深める
引き出す
楽しさ
多様性
ちがい
知識
課題
問題
強み
魅力
アイディア
目標
制限
課題
達成
とりのぞく
解決
苦手
UP
育児支援
育む
発達
安心感
有能感
学び
子ども
大人
カラダ
ココロ
学び
キャリア
メンタルケア
リフレッシュ
向上心

なります。具体的な行動計画にまで落とし込めるマインドマップになっていくのです。

ちなみに、このマインドマップはわたし自身の将来設計です。こうして公表するには少し勇気もいりましたが、あえて〝宣言〟のつもりで掲載しました。ご笑覧いただければと思います。


マインドマップは、本当に便利なツールだと思います。自分の目的が明確であれば、ノウハウが多少不足していても補ってくれます。自分がわからないことでも、自分にとってわかりやすく理解していくためのサポートをマインドマップがしてくれます。

こんなにすばらしいツールですが、それが単なるお絵描きになってしまうか、使える思考ツールになるかには、わずかな差しかありません。マインドマップの本当の奥深さを、ここで紹介した多くの事例を通して理解していただけたら幸いです。そして、何らかの成果を得ることができたら、マインドマップのすばらしさを実感していただくとともに、自分の能力がすばらしいのだと胸を張っていただきたいとも思います。

5
マインドマップの
7つのルール

ここまでマインドマップのすばらしさや有効性をあれこれ述べてきましたが、これを実際に体感していただくには、マインドマップを描いていただく以外にありません。そのためには、まずはマインドマップの描き方を知っていただく必要があります。

文章で読むと、難しくて面倒くさそうに感じるかもしれませんが、実際に描いてみていただければ、なんてことありませんので、最後まで飛ばさず読んでください。途中で述べたように、あえてルールを破って描くこともあり得ます。しかし、ルールを知らずに間違えるのと、きちんと理解したうえで外すのは、まったく違います。自分なりのアレンジをするためにも、初めにルールを理解していただかなければいけません。

さて、マインドマップには7つのルールがあります。これらがマインドマップを描く順番だと考えるとわかりやすいでしょう。つまり……

①「用紙」に
②「セントラルイメージ」を
③「カラー」で描いて
④「枝（ブランチ）」を拡げていき、その上に
⑤「単語（言葉）」を書いていく

これでマインドマップが描けます。残りの2つは……

⑥「構造化」
⑦「TEFCAS」

マインドマップのルールはいろいろな雑誌や書籍で説明されているので、すでに知っている方もいらっしゃるでしょうが、ここでは、わたしの講座で特に好評だったオリジナルの説明も加えていきます。すでにルールを知っている人にも興味をもって読んでいただけると思いますし、特に「なんだかうまく描けない」という方にはおすすめです。

言葉の説明だけではわかりづらい箇所もあると思いますので、その際は、本書中のさまざまなマインドマップを見ながら読み進めてください。

用紙――描き心地のよい紙と出合いましょう

用紙に関してのルールは3つ、「種類」と「サイズ」と「向き（置き方）」です。

とにかく無地

最初の「種類」というのは、無地のものを使ってください、ということです。

市販されているノートは罫線が入っているものがほとんどですが、マインドマップは枝（ブランチ）を自由自在に伸ばしていくことが大事なので、罫線や方眼、それからドットなどがあるノートだと、どうしてもその影響を受けてしまいます。

性格に合わせてA4かA3を

次は「サイズ」です。A4以上のものがよいとされています。

A4サイズというのは、人がひと目で全体を俯瞰して確認できるサイズだそうです。あまり小さいとマインドマップが描ききれないし、大きすぎるとひと目で確認しにくいので、ほどほどのサイズがA4ということでしょうか。

ただ、わたしの講座では、マインドマップを描く方の性格も考慮しています。余白が少ないと「描ききれないかも」というストレスを感じる人なら大きめのA3サイズから、反対に、余白が多くて「こんなに描けない」とプレッシャーを感じる人は小さめサイズのA4から描きはじめることをおすすめします。

A3サイズの用紙が手に入らないなら、A4サイズのノートを見開きで使ってもいいでしょう。入手しやすさで言えば、B4サイズの見開きでも構いません。見開きで使う場合は、リングなどで綴じていないほうが使いやすいですね。

枝（ブランチ）を伸びやかに長めに描く人もいれば、単語（ワード）に合わせるようにピタッと描く人もいて、それぞれに特徴があります。自分が描きやすいサイズで始めてみるのがいいと思います。

慣れてくれば、普段持ち歩いている手帳にパパッとマインドマップを描くことも可能になりますが、慣れるまでの間は、ある程度の大きさは必要かなと思います。

眼の動きに合わせた置き方

最後の「向き（置き方）」は簡単です。横長に置いてください、というルールです。「イギリスで生まれたマインドマップなので、横書きだからです」と冗談を言うこともあるのですが、そんなに単純なルールではありません。

椅子に座って、背筋を伸ばしてください。「その状態で周囲を見回してください」と言われたら、どんなふうに顔を動かしますか？　講座では、ほぼ１００パーセントの方が、左右に首を動かします。そして、1往復以上してから、上下に動かし始めます。

つまり、わたしたちは、左右に広がっている世界のほうが、上下に長い世界よりも認識しやすいのです。ですから、用紙も横長に置きます。

大きい用紙で無地がいいからということで、スケッチブックを使う方も見かけますが、表面がデコボコしているスケッチブックだとペン先に繊維が引っかかる場合がありますし、デコボコがあって枝（ブランチ）がうまく塗れない場合もあります（最近のスケッチブックは一概に言えませんが）。

こうした不具合は、思考の流れを阻害する要因になりますので、気になる場合には避けたほうがいいでしょう。描き心地のよい紙との出合いは、マインドマップをより一層楽しくしてくれます。

セントラルイメージ――上手な「絵」は必要なし

これも「内容」「時間」「サイズ」の3つに分けられます。

きれいな「絵」は必要ない

まずは「内容」。マインドマップでいちばん目を引くのが、中心に描いてある「セントラルイメージ」でしょう。日本でマインドマップが広まっていった時、イラストが上手なものが見本として取り上げられ、「これがマインドマップだ！」と大々的にアピールされたこともあって、講座でも「絵が苦手なんです……」と言う方が少なくありません。

でも、「セントラルイメージ」であって、「セントラルピクチャー」ではないので、「絵」である必要はないのです。「色」や「形」で自分の「イメージ」が投影できていればいいのです。グチャグチャッとなぐり描きしたようなセントラルイメージでも、色づかいや形で、その時の気分って表現できるのです。

「それじゃ伝わらないでしょ？」と思うかもしれませんが、心配ありません。結構、伝わります。それに、ほとんどの場合、マインドマップは自分のために描くものなので、他人に見せることはあまり考えなくていいです。それよりも、自分でわかることのほうが重要です。

「セントラルイメージを描けない」という理由でマインドマップを描かないなんて、もったいなさすぎます。描いているうちにどうにかなっていきます。

ウォーミングアップの5分間

セントラルイメージを描く「時間」は5分程度です。

脳には「右脳」と「左脳」があると言われます。多くの人が日ごろ活用していないとされる右脳的機能の活性化のためには、ある程度の時間が必要だと言われていて、その時間がだいたい5分程度なのです。

わたしの講座では、いちばん最初のマインドマップには7〜8分は取り組めるようにしています。時には10分程度、時間を取る場合もあります。講座開始直後で、まだリラックスしきれていないとか、最初のワークで慣れていないということがあるからです。

イラストが1つ描けて、2つ描けるうちにどんどん調子が上がってくるものです。その感覚が味わえるまでの目安の時間だと覚えてもらえるといいでしょう。どんなことを描こうかと考えたり、集中するために心を落ち着けたりするためのウォーミングアップとして、

5分間、セントラルイメージを描きながら過ごしましょう。

セントラルイメージだけでなく、マインドマップ全体にイラストを取り入れるのもいいことです。ブザン氏も「イラストは1000語に匹敵する」と言っていますので、単語だけにこだわらずにイメージを取り入れていくと、楽しくて情報の多いマインドマップになっていくでしょう。

目安は「にぎりこぶし」

最後に「サイズ」です。セントラルイメージのサイズは、直径5センチ程度は必要です。余白がいっぱいあったほうがあとで描きやすいのではと心配してを小さめに描く人がいるのですが、実はある程度大きいほうが描きやすいです。と言うのも、セントラルイメージが小さいと、枝（ブランチ）が伸ばしにくいのです。

講座で具体的なサイズをお伝えしても、それよりも小さめになってしまう人のほうが多いので、「にぎりこぶし」程度と考えてもらうくらいがちょうどいいかもしれません。

また、枝（ブランチ）は横方向に伸ばすことが多いので、縦長のセントラルイメージだと伸ばしやすくなります。横長のセントラルイメージから横方向に枝を伸ばそうとすると、妙にメインブランチ（セントラルイメージから最初に出ている枝）が長くなってしまいます。ですから、もし横長と縦長の2つが思い浮かんだら、縦長のセントラルイメージを選ぶと、そのあとの枝が伸ばしやすくなると思います。

もっとも、これも慣れてしまえば、どんなセントラルイメージからでも枝を伸ばしていけるようになりますが。

脳の第一言語：イマジネーション&アソシエーション

わたしの講座では、自己紹介のために名札を用意してもらいます。A4サイズの紙を横長に4等分したサイズなので、20センチ×7センチくらいでしょうか。その中に、名前だけでなく、自分の好きなもののイラストを描いてもらいます。最初は考え込む方もいらっしゃいますが、とにかく「好きなもの」を描いていきます。

というのも、その名札を使って「他己紹介」をしてもらうからです。他己紹介というのは、自分の名札を他の人に渡して、その名札をもとに相手に自分のことを紹介してもらう、ちょっとしたゲームです。何も描いていないと、名札を渡された人は困ってしまいます。だから、「何かしら描かなくちゃ」という気持ちになるのです。しかも、7～8分という制限時間を設けているので、とにかく描かないわけにはいきません。

そうしてひとつ描いてみると、なんとなく次のものが描けて、だんだん調子が出てくる……という人が大半です。次第に、名札全体をストライプ模様にしたり、名前を立体的に見えるよう工夫したりと、制限時間になってもペンを動かしている人が少なくありません。

その後、名札の交換をします。そして、受け取った名札の人の紹介をしていくのですが、ここでも条件を設けます。それは、「描いてあるイラストを見て、そのイラストの奥にあるその人の生活を想像して紹介してください」というものです。多くの人は、さっきまで自分も「イラスト」を描こうとしていたので、「このイラストは何を描いてあるのか?」に意識が向きます。でも、イラストの上手下手は、一切価値のないことなのです。

7つのルールの陰に隠れて忘れられがちなのですが、実はマインドマップを最大限に活用するための考え方として「脳の第一言語」というものがあります。「イマジネーション&アソシエーション」と言われ、「イメージすること（イメージを働かせること）」と連想すること」と訳されています。この「脳の第一言語」を活用することで、マインドマップがより使えるものになっていくのです。

他己紹介というのは、この「イマジネーション&アソシエーション」の第一歩なのです。たとえば、名札に太陽が描いてあったとします。「これは太陽です」と紹介しても面白くも何ともないですよね。でも、イラストの奥にあるその人の暮らしぶりを想像することで、イラストがメッセージのあるものに変化していくのです。

「お日様の香りのするお布団が大好きで、休みの日はせっせと布団干しをしている方です」と紹介するのか、「太陽の下で汗を流すことが大好きなスポーツマンです」と紹介するのかで、「太陽」のイラストの役割は大きく変わってきます。名札に描いてある名前の位置や色づかい、イラストの配置、そして本人から発せられる雰囲気など、名札を仲立ちにしていくらでも情報収集が可能です。

反対に、イラストについて本人に「これは何ですか?」と尋ねることを禁止しています。相手へのマナーという面もありますが（理解してもらえないとショックですからね）、想像力をふくらませる、感受性を高めるという2つの大きな目的があるのです。もちろん、イラストに説明書きを加えることも禁止です。

そんなふうにして他己紹介をすると、紹介する側は、「イマジネーション＆アソシエーション」の楽しさや重要性を実感できます。そして、紹介される側は「自分のイラストのメッセージが意外と伝わっている」という自信につながるのです。

カラー――とにかくカラフルに！

3つめのルールは「色」。これは単純です。ブザン氏が言っているルールとしては、「とにかく色を使う」ということだけです。

色に決められた意味はありません。どの色が最初でなければいけないとか、この色は最後といったルールはありません。とにかく、たくさんの色を使いましょう。

わたしの講座を受講いただいたビジネスパーソンの方が、「マインドマップを描くようになってから、色を選ぶのが楽しい」とおっしゃっていました。「黒か青の世界で仕事をしてきて、あってもせいぜい赤だったのに、オレンジ色やら黄緑やらピンクやら、どれにしようって考えるだけでも楽しい」というのです。

色があるのは自然なことです。それだけでも脳に刺激があるのだと思います。

ホスピタリズム症候群というものをご存じでしょうか？　第二次世界大戦後のイギリスで、白い壁に白いシーツ、白衣の看護師といった、衛生面を第一に考えて白に囲まれた世界の中で育てられた乳幼児は、心身に支障をきたしやすかったと言われています。

「モノトーン」の語源が「モノトナス（退屈）」だと言われているように、色というのは、気分に影響します。そういった点でも、白い紙に黒（もしくは青）のペンだけで描くというのは、不自然なのかもしれません。

わたしの講座では意図的に色を選ぶこともアドバイスしています。重要な問題で、なおかつ、ちょっと気分が沈むようなテーマでマインドマップを描く時などに、意図的に好きな色や明るい色を選ぶようにしてもらいます。そうすると、落ち込みがちだった気分も明るくなって、前向きに捉えられるようになっていくのです。

日常的に描いているマインドマップを何枚か並べてみると、自分の好きな色づかいを確認できるでしょう。色で遊ぶということを、ぜひ楽しんでもらえたら嬉しいです。

滑らかな発想を呼び起こそう

筆記具に関しては、わたしは基本的にペンをおすすめしています。なかでも水性ペンが多いです。色鉛筆だと、色が薄かったり、色鉛筆特有のざらりとした描き心地がしたり、それから途中で削る必要が出てきたりします。描き心地という点では、ボールペンも好き嫌いが分かれます（普段から持ち歩いているから便利という方もいらっしゃいます）。

水性ペンにはそういった難点がないので、滑らかに描き続けることができます。時々、水性ペンのはっきりした色合いが苦手という方がいらっしゃいますが、最近では和風の色合いのペンも多く市販されていますので、そんな選択もあるかと思います。

マインドマップを愛用している人には、太ペンと細ペンを使い分けている人も多くいらっしゃいます。描き心地と色合いと……と、どんどん文房具（ペンとノート）にこだわっていくようになっていく人も少なくありません。

滑らかな描き心地が滑らかな発想につながっていくように感じるのは、わたしだけではないはずです。ペンがかすれていたり、ペン先が割れていたりすると、たびたびペンが止まります。すると、思考も止まって集中力が切れてしまう……という経験をしている方は多いでしょう。ブザン氏も「ステーショナリー（文房具）には贅沢をしなさい」と言っていますので、良い道具が良い思考につながっていくのかもしれません。

枝（ブランチ）――セクシーな曲線が理想

4つめのルール「枝（ブランチ）」には、「形」「太さ」「長さ」などのコツがあります。

セクシーなブランチ

基本的なルールとしては「有機的な曲線を、つなげて描く」となっているのですが、この「有機的な曲線」って一体どんな曲線なのかイメージしにくい人もいるので、わたしはいつも「セクシーなブランチ」と説明しています。女性のウエストラインをイメージして瓶の形が作られたという清涼飲料水と同じです。

滑らかな曲線が紙いっぱいに広がっていくのは、気持ち良いものです。ブランチが滑らかに描けると、それだけで気分もアップして、モチベーションにつながっていきます。

描き方のコツとしては、根本が太くて先が細くなっていると良いでしょう。漢字の「しんにょう」の最後の「はらい」だと思っていただくと、よりイメージしやすいかもしれません。

枝（ブランチ）の滑らかさと思考の滑らかさってつながっているんだなぁ、と感じたことがあります。伝えたいメッセージがあったのですが、うまく伝わらなくて困ったなと思っていたときのことです。

いつもと同じような枝を描いて考えていたのですが、ふと思いついて日頃使わないような色を選び、自分の感情を表わすようなギザギザの枝を描いてみました。そうしたら、自分でも意外なほど過激なアイディアが浮かんできました。結局、過激なアイディアを出しつくして、最終的には穏やかなアイディアに落ち着いたのですが、枝を滑らかに描くか雑然と描くかで、こんなにも違ってくるのかと驚きました。

枝を描いて、きれいに塗りつぶしていくという単純作業は、心を穏やかにし、集中力を高めます。ちょっとオーバーですが、写経で心が静まっていくような感覚です。好きな色で、滑らかでセクシーな枝を描く心地よさを感じてもらえたら、それはもう、マインドマップ好きの仲間入りでしょう。

ここまでが、枝（ブランチ）の「形」の説明でした。

大・中・小を明確に

次に「太さ」ですが、セントラルイメージから最初に生えている「メインブランチ」がいちばん太くなります。もちろん寸胴ではなく、先の方はエレガントに細くしていきましょう。その次にのばす枝と、さらに先の第3階層の枝の3種類の太さに違いを出せれば理想的です。

メインブランチは塗りつぶしますが、その先に伸ばす枝は塗りつぶすのではなく、細いペンで描いた細枝をなぞって太くしていくイメージ。さらにその先にのばしていく枝は、そのまま細ペンで描いたようなイメージです。そうすると、枝の太さが「大・中・小」と分かれていきます。

その上に単語が乗っていくと、ひと目で、どの枝に乗っている単語（言葉）が重要なのか判断しやすくなります。もちろん、枝と枝が、すべてつながっていることが前提ですが、その上で太さにも気をつけて描いてみると、よりわかりやすいマインドマップになります。

文字とのバランスが大切

そして、「長さ」です。これは、枝（ブランチ）の長さと、その上に乗っている文字とのバランスの問題です。

まだ描き慣れていない人のマインドマップでは、枝が10センチもあるのに、文字は2〜3文字しか乗っていないことがあります。そうすると、ちょっと意識しにくいかもしれませんが、枝を目で追いつつ文字を読む、ということになります。視線があちこちにキョロキョロと動いていると、集中力を維持しにくく、どちらかというと落ち着いていない状態だったりします。

脳研究をやさしく解説されている東京大学准教授の池谷裕二さんの著作の中に、写真を見比べる心理実験の話がありました。写真を横に並べて見比べるのと、その場で写真が入れ替わる（紙芝居をめくっているような）場合とでは、横に並べて見比べたときのほうが感情が動かされやすいという結果が出たそうです。眼が余計な動きをせずに認識できるほうが、考えるという点においてメリットになるのだと思います。

マインドマップの場合、枝（ブランチ）の上に言葉（単語）がバランスよく乗っかっていると、ひと目で認識しやすくなります。ですので、いわゆる「均等割り付け」で文字（単語）を乗せるように心がけてください。慣れてくると、自分が書きたい単語に対してどれくらいの長さがあればいいのか、すぐに把握できるようになります。

長めの枝を描いて文字の間に程よく空白をとるよりも、短めの枝を描いて、足りなかったら描き足す方がやりやすいんじゃないかと、わたしは個人的に感じています。長さとしては、だいたい3センチくらいでしょうか。日本語は3〜4文字で書き表わせることが多いので、3センチくらいの枝であれば、だいたいバランスよく乗せることができます。

マインドマップは「描いてナンボ」

時々、「あのブランチの曲がり方が好きじゃないんです」という人もいらっしゃいます。その場合には、単純な山型の枝でもいいですよ、とお答えしています。わたしだって、急いで描く場合には、「しんにょう」のようなセクシーな枝ではなく、直線に近い枝になることもあります。

ただ、枝の最後は少し上向きになっていたほうがいいと思います。ほんの少しでも上に向けるだけで、気分も上向きになりますし、あとから見返した時にもそれが伝わります。

繰り返しになりますが、マインドマップは「描いてナンボ」だと考えているので、自己流でもいいから、とにかくマインドマップを描いてください。描いて、成果を出すことが大事です。「きれいに描くのは二の次三の次」だと考えてください。

だから、今ここでルールの説明をしていますが、ある程度描いてみて、なんとなく行き詰まったような時に読んでもらえればいいな、くらいのつもりなんです。

そして、そう言いつつも、ルールって大事だとも思っています。自己流だと、やっぱりいつもの自分の考え方の枠に収まってしまうので、いつもと違う思考や視点を得るためには、ルールを守ることで得られるものがあるのです。今までやっていなかったからこそ、やってみる価値があるのです。

脳を退屈させず、楽しく使おう

「単語の長さと枝（ブランチ）の長さが一致している」というルールを守った場合、仕上がったマインドマップは長い枝・短い枝が混在しています。おまけに太さもいろいろです。つまり単調じゃないのです。

マインドマップのルールをそれなりに守って描こうとすると、それほど複雑ではありませんが、あれこれ考える必要があります。それが、「退屈しない状態」を維持できるのです。「今思いついたことは、どこの枝の先に伸びるのだろう?」「1ワードで描くとすると、どんな表現になるだろう?」などと同時並行でいくつものことを考えているので、脳が退屈する暇がないのです。

「頭を楽しく使える状態」にセットアップしてくれるとも言えるでしょう。だから、マインドマップを繰り返し描いていると、日常の場面で、なんだか頭の回転が速くなったように感じることも多くなってきます。

実は、講座で好評なのが、枝（ブランチ）の描き方のコツです。ふだん箇条書きのものを見慣れている人には、あの〝自由奔放〟な枝（ブランチ）は描きにくいようです。確かにわたしも、インストラクターとして研修を受けていた時期やインストラクターの修業時代は、箇条書き風の枝を描いていました。

わたしたちインストラクターは、ブザン氏から「100枚描きなさい」と課題を与えられました。そして、たしかに100枚も描けば、「どこから枝を出せばいいか」「効果的に紙面を使うコツ」などがわかってきます。でも、一般の方にとっては、そのために100枚も描くだけの根気も時間もないでしょう。

そこで、わたしはちょっとしたポイントをお伝えしています。それは、「手の指が広がっているように枝を伸ばす」ということです。ご自身の5本の指を広げてみてください。マインドマップの枝が伸びている様子に似ていませんか？

今まで何枚かマインドマップを描いた経験があって、枝が滑らかにのばせなかった人は、「そうか！」と納得できるのではないでしょうか。1枚も描いたことのない人は「はぁ？」と思うかもしれません。でも、「指が広がっているように枝を拡げる」だけで、とたんにインストラクター並みのマインドマップを描けるようになるはず！

枝は、ずっと外向きに広がり続けなくっちゃいけない、なんてルールはありません。内側に戻ってきたり、時には他の枝をまたいだり、楽しく自由に拡げていけるのがいちばんです。

言葉（単語）——章ごとにタイトルを

5つめのルールは「言葉（単語）」です。

単純に言ってしまうと、「枝（ブランチ）の上に乗せるのは、文章ではありません。単語です」となります。そして、「言葉（単語）も太くしたり細くしたりして、重要度とのつながりをわかりやすくしましょう」ということです。

セントラルイメージから最初に伸びている枝（ブランチ）を「メインブランチ」と言います。本は通常、章ごとに分かれていて、章タイトル（見出し）がついています。それによって、どんなことが書いてあるのか、わかりやすくなっていますよね。マインドマップでは、その役目が「メインブランチ」と、その上に乗っている「言葉」です（メインブランチに乗っている言葉は、正式には「ＢＯＩ（Basic Ordering Idea）」と言います）。

そして、メインブランチの上の言葉は太く、次の階層からは細くしていきます。すると、ひと目で重要度とのつながりが理解しやすくなるのです。つまり、枝（ブランチ）の太さと言葉の太さと重要度を、すべてリンクさせて描くと、あれこれ考えなくてもひと目で把握できるマインドマップになるのです。このわかりやすさは、マインドマップのメリットのひとつです。

「1ブランチ・1ワード」のルール

枝（ブランチ）と単語のルールは、「1ブランチ・1ワード」と言われます。要するに、ひとつの枝に乗せる単語はひとつ、ということです。このルールは、世界でいちばん守られにくいとも言われていますが、アイディアを出す場合や、分析的に考える場合には、とても有効だと思います。なので、問題が重要であればあるほど、守った方がいいでしょう。

「枝の上に乗せる言葉は動詞ですか？　名詞ですか？」という質問をたびたび受けます。特に決まりはありません。動詞でも名詞でも形容詞でも……なんでもＯＫです。また、「1ワード」のルールを厳密に守るのは、慣れないうちは難しいものです。無理に1単語にこだわってわからなくなるくらいなら、多少は目をつぶってもいいと思います。

また、マインドマップでは「単語」を枝の上に乗せるので、いわゆる「てにをは」がなくなります。特に日本語は、「てにをは」があることで意味が明確になる言葉も多いので、これを描かないというのは、慣れるまでの間ちょっと戸惑います。いちばん戸惑うのは、実は小学生です。学校の授業で正しい文章を書くことを指導されているのに、いきなり単語だけで……というのは、かなり抵抗感を感じることでしょう。そういった場合は、わたしの講座でも、文章でもいいことにします。描き慣れてくれば1ブランチ1ワードになっていきます。

その次によく聞かれるのは、「同じ言葉が何度も出てきてもいいのですか?」という質問です。これもＯＫです。何度も思いつくということは、それだけ重要な言葉ということですから、気にせずどんどん書きましょう。あちこちに同じ言葉が出てくるマインドマップを眺めることで、気づきが得られることもあるでしょう。

そして、3番目に聞かれるのは「枝の上に乗せる言葉の順番」ですが、これも正解はありません。

たとえば「昨日、わたしは家族と映画を見に行った」という文章を分解して枝に乗せていく場合、最初の枝（メインブランチまたはメインブランチにより近い枝）の上に乗せる言葉は何にしますか? 「昨日」「わたし」「家族」「映画」「見る」といった単語が考えられますが、「昨日」が最初であれば、その先は昨日の行動をあれこれと考えるでしょう。「わたし」という枝を続けた場合は、同じく「昨日」の枝から「パートナー」「息子」「娘」などの枝が伸びるでしょう。

あるいは「映画」が最初になった場合は、次の枝には何を乗せますか? 「昨日」でもよし、「家族」でもよし、「見る」でもよし……何を乗せてもいいのです。「家族」が次の枝に乗ったら、「他に誰と映画を見るかな?」という発想につながるのではないでしょうか？　「昨日」を乗せた場合は、昨日以外に映画を見たのはいつだったか、これから見る予定はあるか、といった時間軸に沿って考えやすくなるでしょう。

分解することで新たな発想を得る

同じ例で、たとえば「映画」の次に「見る」という単語を乗せたら、「撮る」「買う」なんていう発想も出てくるかもしれません。そうすると、「昨日、わたしは家族と映画を見に行った」という平凡な1シーンから、「映画を撮ること」にまで思考が広がっていくのです。映画を撮ることなんて、それを目指している人でなければ考えたりしませんよね？

このように、マインドマップに乗せる語順を変えるだけで、普段考えられないような思考が可能になるのです。「1ブランチ・1ワード」を守ることで、今まで〝思い込んでいた〟思考パターンに気づきやすくなったり、新たな視点を見出しやすくなったりするという感想を、受講生からもいただいています。

また、次々と分解していった先に、統合できるものが見えてくることもあります。先ほどの例で言えば、「わたし」と並んで「パートナー」とか「子ども」が出てきた場合、それらを「家族」としてまとめたくなります。そんな場合は、まとめてしまってOKです。「〜」などでくくって、その先に「映画」という枝を伸ばせばいいのです。

日常使いで便利なのは、料理のメニューを考えるときです。冷蔵庫の中にあるものをどんどん描いていくと、その先にメニューが見えてくる、というわけです。ただ分解するだけでなく、その先にあるものを探すためにマインドマップを使うのも有効的ですね。

「連想」によって思考を広げる

ここまで「テーマを分解する」というように「分解」という言い方をしてきましたが、お気づきのように、これは「連想」していく作業でもあります。大きいものから小さいものへ……という流れをイメージしていただくために「分解」と言っていますが、かえってわかりにくいようでしたら、「連想」だと思っていただいても大丈夫です。

とにかく、思いつくものを、思いつくままに描き出していきましょう。慣れないうちは、「大→小」の展開や、この後で説明する「構造化」がなかなかできないと思いますので、別の用紙などに思いつくだけ書いておいて、そのあとで乗せる枝を考えながら描いていくのもいいと思います。

ただ、思いついたのに「これはいいや」と自分で決めてしまって、描かないのはとてももったいないことなので、思いついた言葉はとにかくすべてマインドマップに描く、という気持ちでやりましょう。たとえば「ハッピー」とか「楽しい」といったことを考えている時に、もし「お墓」という言葉を思いついたとしても、それも描いてほしいのです。

もしかすると、子どもの頃、お盆になると親戚みんなでお墓参りに行っていた記憶が頭の片隅に残っていて、それを「楽しかった記憶」「ハッピーだったひととき」として連想したのかもしれません。マインドマップに「お墓」を描き、そこからさらに枝を伸ばそうとすることで、「なんでだろう?」「自分にとって『お墓』ってなんだろう?」というふうに自然と掘り下げていくことができます。そうすれば、きっと「子どもの頃のお盆の思い出」にたどり着くことでしょう。

さらに、お盆や親戚にまつわる他の記憶も呼び起こされ、親戚とのつながりが少なくなってしまったことを淋しく思っている自分に気づくかもしれません。自分でも思ってもみなかった自分の思考に気づく瞬間です。もし「『お墓』は『ハッピー』とは関係ないから」と描かずにいたら、ひょっとすると永久に気づかなかったかもしれません。それによって、親戚との付き合いは増えることなく(あるいは減る一方で)、なんだか人生に物足りなさを抱えたまま日々を過ごすことになるかもしれないのです。


マインドマップは枝がとても印象的なので、どうしても枝の伸ばし方に気持ちが向いてしまいがちですが、その上に乗せる言葉こそ大切です。どんな言葉を乗せるかで、その先の思考の展開が変わってきますので、大きなテーマや深く掘り下げたいテーマの場合は、語順を変えたり単語を変えてみたりして、自分にいつもとは違う思考をさせる手助けをしてあげましょう。

構造化――意識しすぎると逆効果

6つめのルールは「構造化」です。

マインドマップのテキストでは、Basic Ordering Ideas（BOI＝基本アイディア）を書くとか、順序を番号づけるとか、キーワードとキーワードの関連を明確にする、放射思考を使いカテゴリーごとに階層化し、広がりや連鎖を連結で表す……などと説明されています。ただ、よくわかりにくいので、あまり講座の中では重要視していません。それでも、このルールが、マインドマップが「思考ツール」になるか「ちょっとユニークな言葉遊び」で終わってしまうかの分かれ道になると感じています。

とても大事なんだけど、マインドマップ初心者がこのルールを意識しすぎると、かえって描けなくなるという落とし穴にも陥りがちなので、「こんなルールがあるんだなぁ」程度にとどめておいてもいいと思います。何度か描いているうちに自然に身についていくルールでもあります。むしろ、マインドマップを描いていて「あれ？」と感じたら、それは構造化という点で引っかかったということでしょう。

ただ、知らないでいるとマインドマップが単なる「言葉遊び」で終わってしまって、マインドマップの奥深さに触れないままになってしまう可能性もあるので、お伝えせずにはいられないルールでもあるのです。

この構造化のルールは、「階層」と「序列」に分けて説明できます。

あとから分類してもOK

たとえば「生物」という枝（ブランチ）からは「動物」「植物」という枝が伸びます。そして「動物」からは、「犬」「猫」「馬」「牛」「かたつむり」「鳥」「くわがた」など具体的な動物名がどんどん思いつきます。このように、次々と枝が順につながっていくのが「階層」です。「階層」は、マインドマップを描いている人の持っている知識や興味によって変化します。

この例では「動物」の次に具体的な動物名を出していますが、そうではなく、もっと詳細な階層に分けるとどうなるでしょう？　「爬虫類」「哺乳類」といった分類が出てくる場合も多いでしょう。そうした場合、先に動物名として挙げた「鳥」は、実は分類名としての「鳥類」のほうが正しく、動物名としては「階層が違うものが混ざっていた」ということが判明します。つまり、「鳥」ではなく「すずめ」「かわせみ」などが、他の動物名と同じ階層だったと気づくのです。

他にも、「陸地」「海」「空」などと主に活動する場所で分けてみたり、「四足」「二足」

「多足」などという分け方をしたり、「夜行性」「昼行性」と活動時間で分ける方法もあるでしょう。

以前、講座で構造化について説明する時には、「哺乳類って何でしょうか？」と階層も指定して質問をしていた時期がありました。ところが、ある日思いついて階層を指定せずに質問をしたら、階層を指定していた時よりもユニークな動物名が増え、考えこまずに次々と発言が出てくるといった変化が見られました。

そんな経緯もあって、「とりあえずアイディアを出すだけ出しておいて、あとから分類したほうが、たくさんのアイディアが出る！」ということにも気づきました。

「構造化」を意識せずとにかく描くものが、「ミニマインドマップ」と呼ばれるものです。構造化を反映した「フルマインドマップ」に及ばないもの、下書きみたいな感覚で捉えている人も少なくないのですが、実はミニマインドマップには、〝ひとりアイディア会議〟のような重要な役割があります。

まずは、使える・使えないにかかわらずアイディアを出すだけ出しておいて、そのあとにフルマインドマップに描き直すという方法も大事だと思っています。

慣れればどうにかなる！

さて、「階層」がマインドマップを使う人の知識や興味に応じて変化するということまでお伝えしました。その次は、「序列」です。

先ほどの例で「哺乳類」という階層を設けた場合、その先にはいくつもの動物名が入ります。単に思いつきだけで羅列していく場合もありますが、ある程度の法則に沿って、枝（ブランチ）に乗せていく方法もあります。大きさ順だったり、胎内にいる日数だったり、単に自分が好きな順だったりするかもしれません。

この、ある種の法則で並べ替えていくことを「序列」と言います。「階層」と「序列」が組み合わさってはじめて「構造化」と言えるのです。マインドマップを描いていて、「あれ？　なんか違った？」とか「ん？　ここを入れ替えたほうが描きやすかったな？」と感じたことがあったとしたら、それは「階層」をメインとした「構造化」が反映できていなかったと感じた時だと思います。

でも、最初はとにかく「思いついたことをどんどん描く」ということを優先してください。繰り返しになりますが、考えすぎて「描けない」というのが、いちばんもったいないので、「描いているうちにどうにかなってきた」でいいと思います。描き慣れてくると、アイディアを出しながらも、自然に階層を意識できるようになっていきます。

工夫次第でやり方いろいろ

「車」というセントラルイメージで考えてみましょう。「車」から思いつくものをどんどん描いていくのが、ミニマインドマップの状態です。慣れてくると、「えーっと、日産、トヨタ、ベンツ、BMW……」と続けて思い浮かんでいることに気づくと思います。というのは、人はある程度、関連付けをして記憶しているものだからです。

この時、思い浮かんだものをひとつひとつの枝に乗せていってもいいのですが、「どれもメーカーのことだな」と気づいたら、メインブランチを「メーカー」にしてみましょう。そして、次の階層に「日本」「ドイツ」「アメリカ」「イタリア」という枝を伸ばします。すると、「日本」の先には「日産」「トヨタ」などが入り、「ドイツ」の先に「ベンツ」「BMW」などが入っていきます。

さらに、たとえその時点では思い浮かんでいなかったとしても、枝があることで、「イタリアの自動車メーカーってなんだっけ?」と考え始めるのです。そうすると、ただ「車」を考えていた時には思いつかなかったのに、「フェラーリ」という名前がさっと思い浮かんできて自分でもびっくり、なんてこともあります。

そうやって考えてみても「やっぱりアメリカの自動車メーカーって知らないなぁ」と思ったら、それは「自分はアメリカの自動車メーカーを知らない」という発見です。「自分が知らないことを知る」というのは、言葉の印象よりもずっと難しいことですが、マインドマップで思考を広げていくことで、自分の持っている知識と持っていない知識を把握できることにもつながります。

また、階層を作っていった結果、メインブランチが1本だけになってしまった、なんてこともあります。それでもまったく問題ありません。メインブランチが1本だけということは、そのテーマについて考える方向はひとつ、ということ。それがわかったことは、その先を考える上で非常に重要な気づきだと思います。

「構造化」だの「階層」だの「序列」だの……用語だけを見ると難しそうですが、実際に描いてみれば、それが自然であることに気づく時がきます。つまり、「なんか変だな?」「どうにも先に広がらないな?」と思ったら、それは「構造化」がちゃんとできていないからなのです。そうして、あれこれやり直しているうちに、すっきりと〝ハマった〟マインドマップが描けることでしょう。そのマインドマップは、「構造化」も完璧のはずです。

何度も申し上げていることですが、「なんだか難しそう」とか「よくわからない」と言った理由で描かないのは、本当に、本当にもったいないです。たとえ間違えたって、誰に迷惑をかけるわけでもなく、誰かに叱られるわけでもないのですから、何よりもまず描いてみてください。そうすれば、ルールはきっとついてきます。

TEFCAS——とにかくやってみる

7番目のルール「TEFCAS」は、「Trial（試行）」「Event（実行）」「Feedback（フィードバック）」「Check（チェック）」「Adjust（調整）」「Success（成功）」の頭文字をとったものです。これは、マインドマップを描く時の心づもりと言いますか、わたしは、トニー・ブザン氏から投げかけられた「人生の指針」だと捉えています。

まずはやってみる（試行）。そして、実行する。そうすれば、そこから何か得られるものがある（フィードバック）。それを確認（チェック）して調整を繰り返すことで、成功へとつながっていくのです。こう説明すると、マインドマップのことではなく、人生そのものについて語っているように聞こえるのではないでしょうか？

多くの人は、どうしてもフィードバックに気を取られてしまいがちです。自分が思ったようなものが得られないと「ダメだ」と思ってしまいますが、そこは通過点にすぎないのです。成功へつながるプロセスのひとつだと捉えれば、気も楽になるのではないでしょうか？

また、最初の「Trial（試行）」は「とにかくやってみる」という意味でもあります。さらにブザン氏は、「Try-All」という言葉を作り、「とにかくすべてやってみる」という意味で使っています。最初の一歩を踏み出すことで、すでに変化は起きています。進歩しているのです。それこそが、「成功（ビジネスや人生における成功だけでなく、自分の望む状態に達すること）」へとつながる道なのです。

ちょっと人生論になってしまいましたが、このようなつもりでマインドマップにも取り組んでいただければと願っています。最初から〝完璧な〟マインドマップを描こうとするのではなく、まず描いてみる。うまくいかなくても、何かしら得るものはあったはず。その一歩を実感し、そこから少しでも良くしようと工夫を重ねていくことで、そのうち自分にとって〝完璧な〟マインドマップを描けるようになることでしょう。

以上が、マインドマップの7つのルールです。このルールをすべて守っているものを「フルマインドマップ」と言います。

そして、これらのルールの一部だけを取り入れたものが「ミニマインドマップ」です。他にも、色が単色だけだったり、セントラルイメージが文字だったりと、フルマインドマップでないものは実は多くあります。時間がなくてフルマインドマップに仕上がらない場合もあるでしょうし、ミニマインドマップ程度がふさわしいと感じる場合もあるかもしれません。

すべてのマインドマップがフルマインドマップである必要はありません。マインドマップは、「描く目的」に応じて変えていけばよいのです。そして、どんなマインドマップであれ、マインドマップを描いたことによって、その目的が達成されていればよいと、わたしは考えています。

ただ、頭の使い方という点においては、ルールを守ったものも描いてもらいたいです。ゲームや遊びと同じで、ある程度のルールがあるけど、ルールを守るから自由を感じるという面もあるのです。「きれいなマインドマップ」が目的になってしまっては本末転倒です。

6

マインドマップを描いてみよう

自己紹介のマインドマップ

最初のうちにひとりで描くマインドマップは、自己紹介のマインドマップや、趣味などこだわりをもって熱中しているものについてのマインドマップがいいでしょう。スケジュール管理やＴｏ Ｄｏリストなども描きやすいのですが、いま自分がハマっているもの、大好きなものをマインドマップにして掘り下げていくと、気づいていなかった点に気づいたりして、よりマインドマップの楽しさを味わっていただけます。

しかし、いざ自己紹介のマインドマップに挑戦してみようと思っても、普段と同じような内容では、あっという間に終わってしまいます。それに、そんなものを描いても、あまり楽しくありません。ですから、「普段やらない自己紹介をしてみよう！」「みんなが気付いていなかった自分を紹介しよう！」くらいの心づもりで取りかかってください。

最初に何を描くのかも大切です。「出身地」「仕事」「趣味」「家族」「学歴」「名前の由来」「現住所」……一般的に思い浮かぶのはこのあたりでしょう。最初からユニークな発想を出すのは難しいので、思い浮かんだものをメインブランチにして描き始めればいいと思います。そして、ひとこおり（いつもの自己紹介の内容を）描き終わったら、それらの枝の先に伸びるものを考えていきます。連想ゲームのように、思いついたことをどんどん

加えていくのです。

たとえば、わたしの「現住所」は東京都練馬区です。ですから、「現住所」というメインブランチの先には「練馬区」が入ります。そこで終わらせずに、「『練馬区』といえば……」というふうに連想して、その先に伸びる枝を考えてみます。それが、次の階層になります。

「練馬区」といえば「練馬大根」と思った方も多いと思うのですが、実際は「キャベツ」が多く生産されています。それから、漫画家の「松本零士」さんが住んでいらっしゃるということで、「（銀河鉄道）９９９のラッピング電車」が西武池袋線を走っています。西武池袋線といえば、「江古田」という街には大学が３つあります。「武蔵大」と「日芸（日本大学芸術学部）」「音大（武蔵野音楽大学）」です。武蔵大は学祭での「仮装行列」が有名で、派手に着飾った学生たちが街中を練り歩きます。

そうそう西武線といえば、「西武新宿線」というのもあります。そこには、絵本画家いわさきちひろさんの「ちひろ美術館」もあります。あ、思い出しました。「豊島園」という遊園地もあるのですが、それは「豊島区ではなく」練馬区にあるのです。豊島区という名前が出たついでに言うと、練馬区は「板橋区」から分離して「23番目」に区になった地域です。

こんなふうに連想して描き広げていったのが、前ページのマインドマップです。普通の自己紹介だったら、聞いた人は「矢嶋さんはいま練馬区に住んでいる」ということしか知り得ませんが、このマインドマップを見れば、練馬の名産は実はキャベツだとか、練馬区はもとは板橋区の一部だった、なんてことまで知ることができるのです。こんな自己紹介なら、描いている自分も楽しくなりますよ。

思い出の〝再発見〟

マインドマップを描いていると、「この言葉から何でこんな言葉が出てきたんだ?」なんてことがしばしばあります。自分でもよくわからないかもしれませんが、ひとまず思いついたまま枝の上に乗せてあげてください。あえて枝に乗せることで、自然とその先を考えられるようになります。

以前、講座中にこんなことがありました。「クリップ」から思いつくことを次々と拡げてもらっていた時です。ある女性は「制服」という言葉が出てきたらしく、「いつも変なことばっかり思いついちゃうんです。わたしって、変ですよね？」とため息をついていました。

しかし、そのまましばらく枝を拡げてもらったら、「なんだ！　こういうことか！」と晴れやかな声を上げました。自分でもなぜクリップから制服を連想したのか理解できずにいたようですが、どんどん枝を広げていくと、「学生時代、制服の胸ポケットにクリップをハート形にしてつけていた」ことが思い出されたのです。「そういえば、クリップのハートの数で意味がいろいろありましたよねえ」と、ひとしきり盛り上がりました。

わたしたちの脳の中には膨大な量の記憶が詰め込まれていますが、その記憶には、普段からしっかり覚えているものと、日ごろは忘れてしまっているものがあります。それら2つの量を比べると、「日ごろ忘れていること」つまり「意識せずに過ごしていること」の方が圧倒的に多いのだそうです。

マインドマップを描いていると、そんな記憶がふと、よみがえってくるのです。「ふと」という表現がこれほどぴったりな場面はないのでは？　と思えるほど、自然と頭に浮かんできます。クリップの女性のように、学生時代の小さな記憶がよみがえれば、そこから記憶はさらに広がります。マインドマップの枝のように、あちらこちらへと伸びていくことでしょう。

もしかすると、重要な記憶ではないかもしれません。でも、自分がそれを覚えていること、その思い出が自分にとって（他の忘れてしまった思い出よりも）強いものだったことを知ります。それは、自分の知らない自分を見るような、とても不思議な感覚です。

もちろん、とても重要な思い出やキーワードなどを思い出すこともあります。ですから、思い浮かんだ言葉を「これは使えない」「わけがわからない」と切り捨ててしまうのは、ちょっと残念な気がします。「よくわからないけど、この先に何か出てくるかもしれない」と思って、とにかく枝に乗せていきましょう。

マインドマップで発表する

自己紹介のマインドマップを完成させたら、描いたものをちょっと振り返ってみましょう。「結構描けるもんだなぁ」とうれしくなるかもしれませんし、「こんなことまで思い出したなんて驚き！」と芋づる式に思い出せたことにビックリするかもしれません。

せっかく描いたのですから、実際に自己紹介をしてみましょう。普段そういった機会があまりないようでしたら、まずは家族や友人相手に練習代わりに自己紹介してみるのもいいでしょう。これは、「マインドマップに描いたことを発表する（伝える）」という練習にもなりますし、何より盛り上がると思いますので、ぜひやってみていただきたいです。

さて、通常の自己紹介や発表なら、書いた順に話していくのが当たり前ですが、マインドマップなら、ここからも工夫できます。コツは、描いてあることを全体的に捉えて、それらを別の言葉でくくっていくのです。名前（見出し）をつけるような感じ、と言うとわかりやすいでしょうか。

再び、わたしの例で説明しましょう。「練馬区」から思い浮かんだものの中に、「松本零児」「いわさきちひろ」「日芸」などがありましたが、これらは『芸術』でくくれる（『芸術』という見出しをつけられる）ことがわかります。「豊島園」「仮装行列」あたりは『エンターテインメント』でしょうか？　そういえば、練馬区には東映の「大泉撮影所」なんてものもありました！（このように、追加で思い出すこともしばしば）

これらをもとに自己紹介すると、どうなるでしょうか？　「矢嶋美由希です。練馬区に住んでいます。仕事は……」なんていう、ほとんど誰も覚えてくれない自己紹介ではなく、「練馬区は、漫画家の松本零児さんが住み、いわさきちひろ美術館があり、日大芸術学部を抱える芸術の街です」というように、一気にインパクトのある自己紹介になります。

「銀河鉄道９９９のラッピング電車が走り、学生たちの仮装行列が街を練り歩き、練馬区なのに『豊島園』という名の遊園地のある、エンターテインメントあふれる街、練馬区に住んでいます」という切り口も面白いでしょうし、「練馬区は、東京で23番目にやっと区になったところで、お隣は埼玉県で……」というふうに地理的な情報にポイントを絞っても構いません。

自分が得意なジャンル（知識や情報をたくさんもっている）に絞ったり、聞いている人に合わせて興味を持ちやすい部分を強調したりすることで、印象に残りやすい自己紹介になります。人前で自己紹介したり発表したりするのは苦手、という人も多いでしょうが、こういう発表スタイルなら、きっと自信をもって臨むことができるでしょう。そのうちに、積極的に人前に出たくなるようになるかもしれません。

「マインドマップハイ」になろう

マインドマップは決して難しくありません。単語を描いて、枝を伸ばす、単語を描いて、枝を伸ばす……その繰り返し。とても簡単です。その簡単さは、集中しやすさにつながっています。また、枝（ブランチ）を滑らかな曲線で描くと、気持ちも滑らかになり、リラックスした状態になります。

リラックスしすぎると考え事ができなくなるものですが、マインドマップの場合、「どんな単語を乗せようか？」ということが常に頭の中にあり、思考自体はそこに集中しています。また、もし言葉を思いつかなくなったら、セントラルイメージを描き加えたり、枝の上を単語だけでなくイメージで表現したり、ちょっとした寄り道もできます。マインドマップの上にいくつものお楽しみが隠れているので、マインドマップから離れることなく、気分転換ができるのです。

このように、集中とリラックスを同時に体感できるのも、マインドマップの大きな魅力のひとつです。マインドマップを描いていると、自分でもびっくりするような「おぉ！」という気づきや発見の連続なので、つい時間を忘れて没頭してしまうこともよくあります。わたしの講座でも、マインドマップを体験した多くの方が「いやぁ～疲れました」と言いつつも、みなさんスッキリとした笑顔です。それは、いやいや取り組んだ時のような不快な疲労ではなく、運動したあとのような心地よい疲れだからだと思います。ランナーズハイならぬ「マインドマップハイ」ですね。これ、一度味わうと癖になります。ぜひ、多くのみなさんにも実体験していただきたいです。

スケジュール管理のマインドマップ

自己紹介マインドマップの楽しさとはちょっと違いますが、「物事を俯瞰する」というマインドマップの良さを実感してもらえるのが、スケジュール管理やToDoリストのマインドマップです。今抱えている仕事や用事をまとめて〝棚卸し〟して、やらなければならないことを把握し分類することで、重要度や優先度が見えてきて、落ち着いて取り組めるようになります。

スケジュール管理というと、時間軸で考えていくケースが多いでしょうが、仕事の内容別に色分けするとか、その日の行動予定に応じて場所別に分類する、なんていう方法もあります。1日の予定をまとめるやり方もあれば、1週間単位、1か月単位、あるいは年単位のスケジュールもありえます。

スケジュールなんてだいたい決まっているし、マインドマップにする方が時間がかかるのでは、と思うかもしれませんが、わずか5分程度でやるべきことが整理できて、すきま時間を効率的に活用できるようになり、おまけに自分のための時間も確保できるようになるのだとしたら、試してみる価値はあると思いませんか？

講座の受講生にも、スケジュール管理にマインドマップを活用している方はたくさんい

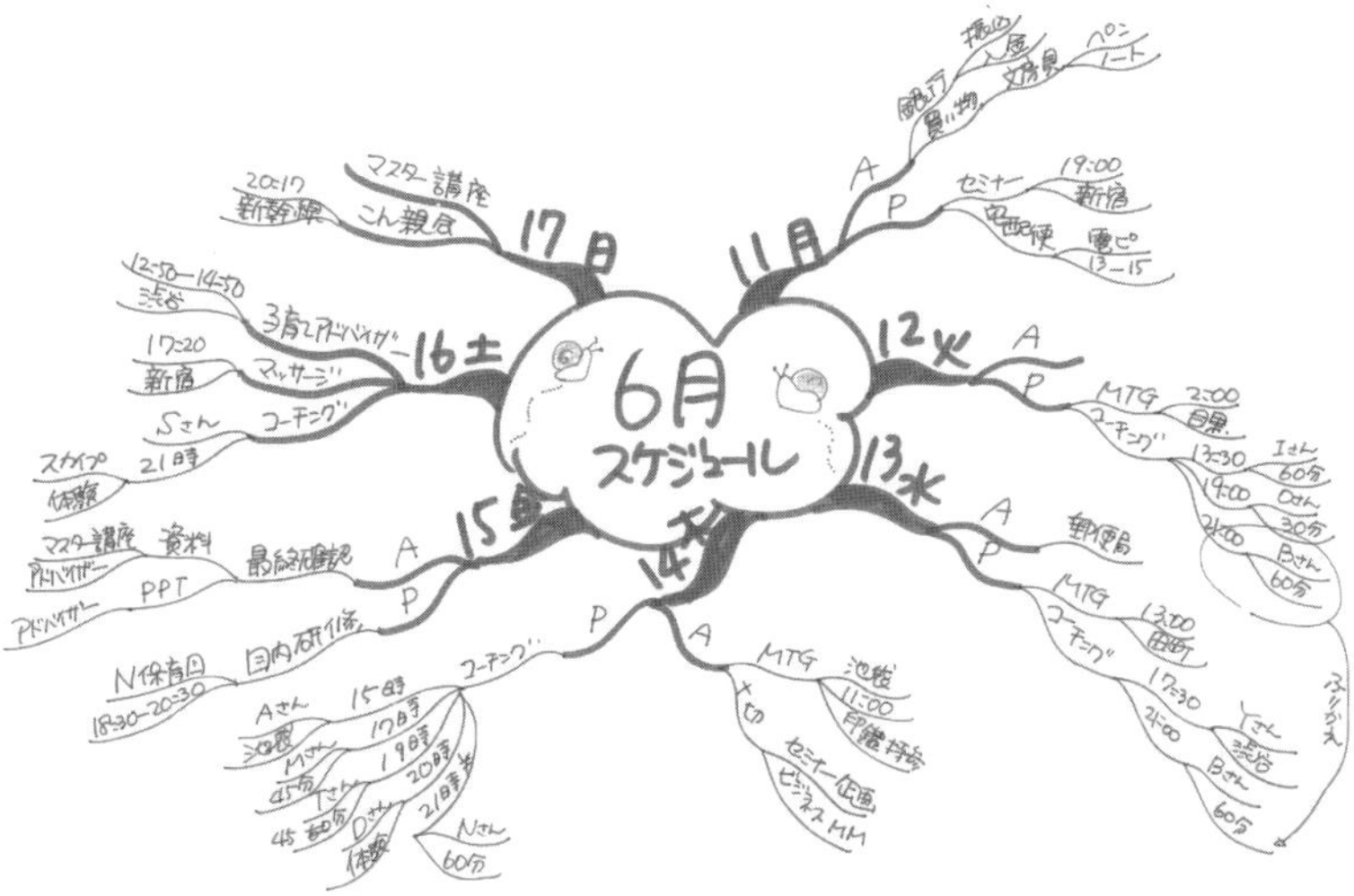

ます。出勤前後にマインドマップでスケジュールを確認しているという方が多く、出勤前にカフェでコーヒーを飲みながらとか、あるいは出勤して最初にやることがマインドマップでのスケジュール確認だという方もいます。セントラルイメージは日付だけでシンプルにしたり、その日の気分をイラストにしたり、人それぞれの使い方があります。毎日マインドマップで記録をとっていると、それが日記代わりになって楽しい、という声もよく耳にします。

出版関係の仕事に転職したばかりで、やるべきことが多すぎて悩んでいた方からは、何からやればいいか考えて行動しているつもりだったけれど、マインドマップにしたことで改善点がいくつか見つかった、と喜ばれたこともあります。忙しさが先に立ってしまって、思いついたことや指示を受けたことを、手当たり次第にこなしていたようですが、マインドマップで俯瞰することによって「自分が仕事をしているんだ」という主体性を取り戻せたとのことです。

マインドマップでスケジュール管理をする場合、個人だけでなく、家族やグループでの利用も可能です。セントラルイメージに日付なり場所なりプロジェクトなりを置き、メインブランチにはメンバーの個人名が乗ります。そこから1日や1週間の単位で枝を伸ばし、各人がやるべきことを描いていきます。こなしたものから線で消したりチェックしたりすると、進捗状況がわかりやすいとともに、モチベーションアップにもつながります。

やるべきことを細分化して考えやすい、というのがマインドマップでのスケジュール管理のメリットです。細分化することで、ひとつひとつの課題は小さい用事に見えてくるので、手をつけやすくなるのです。「掃除」をすることを考えると億劫になりますが、「掃除機」「床拭き」「ゴミ捨て」など細々とした作業なら、今すぐやろうと思えてくるものです。部屋ごとに分けることもできますし、朝から夜までの時間単位で考えることも可能です。

また、お気づきの方も多いと思いますが、マインドマップでスケジュールを管理すると、それがTo Doリストも兼ねることになります。予定も用事もすべてまとめて整理できるので、この日は自宅（あるいはオフィス）でやらなきゃいけないことがあるのに、出かける予定を入れてしまった……なんてトラブルを防げるのです。予定表とTo Doリストを別々に作っていると、こういうことってよくありますよね？

スケジュール管理、時間管理といったテーマでは、よく「やるべき仕事を重要度と緊急度で分けましょう」と言われます。ビジネスの現場では、そういったやり方が有効な場合も多いのでしょうが、日常生活においては、やりやすさとか自分のモチベーションにしたがって分けたほうが、ずっと効果的です。マインドマップなら、こういったアレンジが容易なので、仕事のように「やらなきゃ」と追い立てられるのではなく、自分の気分の流れで実行に移しやすくなるのです。

さて、自己紹介のマインドマップでも、スケジュール管理のマインドマップでも、あるいは趣味のマインドマップでも、描いてみましたか？　マインドマップの楽しさを知っていただくためにも、実際に描いて、実感してみてほしいのです。「なんとなく楽しそうだと思ったから、大丈夫」なんていうのはダメです。実際に紙の上に、カラーペンで、自分の手を動かして描いてみることに意義があるのです。こればっかりは本を読んだだけでは伝わりきらないので、10分でいいので、ぜひ描いてみてください。

セントラルイメージの簡単な描き方

えっ⁉　セントラルイメージが描けない？

そういう場合は文字でもいいですよ。でも、その文字をカラフルにしたり、模様をつけたりしてみてください。ストライプにするとか、水玉にするとか、チェックにするとか、フリルで囲むとか。３Ｄみたいに立体的にするのも、学生時代にやったことありませんか？　影をつけたり、奥行きをつけたり……。教科書やノートの隅に落書きしていた感覚で、気軽に取り組んでもらえたら、それで大丈夫です。

講座でもよく話しているのですが、「描こうと思って見る」のと「漠然と見る」のとでは、まるっきり認識の仕方が違います。わたし自身、今までどれだけ見ているつもりで見ていなかったのかと愕然としたこともありました。

たとえば、お気に入りの腕時計をセントラルイメージだと思って描いてみてください。腕時計でなくても、携帯電話でも構いません。できるだけ詳細に描いてください。ベルトはどうなっていたっけ？　文字盤は？　多くの人は、お気に入り（あるいは毎日使っている）なのに、あいまいにしか思い出せないのではないかと思います。大まかなイメージでしか認知されていないからです。

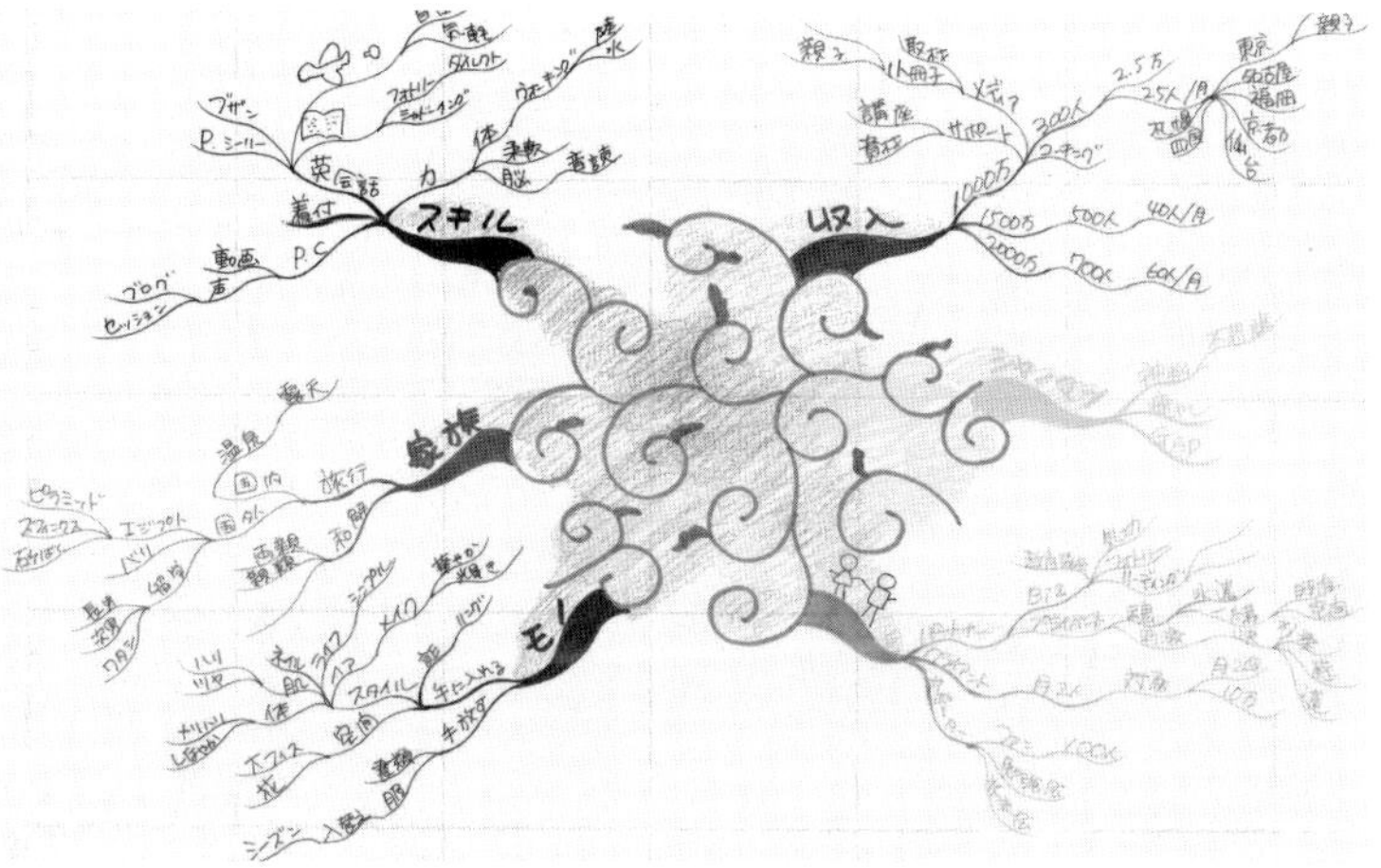

では次に、実物を見ながら描いてみてください。同じ物でも、見ながら描くとずいぶん描きやすくなりませんか？「絵が下手だから……」という人だって、頭の中のイメージを無理やり思い出して描くよりも、よっぽど描きやすいはずです。それに、大して上手に描けなくても、見ながら描いた分だけ雰囲気をつかんでいるのではありませんか？

それでいいのです。見ながら描けば雰囲気をつかめるし、見ながら描けないのであれば、「だいたいこんなもんだったんじゃないかな？」という程度で良しとしましょう。無理に完璧さを求める必要はありません。

繰り返しますが、セントラルイメージは「イメージ」なので絵にこだわる必要はないし、何度も描いているうちに上達していくので心配はいりません。それよりも、セントラルイメージの出来不出来にこだわって描かないほうが、むしろ損失が大きいのです。安心して描いてください。

それでも、「やっぱり上手に描きたい！」という人は、デフォルメして大げさに描いてみたり、多色づかいにして抽象画のような味のあるものにしたりと、いろいろやり方はあります。あるいは、インストラクターになった直後のわたしがやっていた裏ワザを試してみてはいかがでしょう？　それは、カット集です。

イラストが上手な人は、そのものを見た時にパッと、どのラインを残すか、どの面を捨てるかをイメージできるそうですが、わたしにはできません。なので、参考になる画像を探そうとしても、自分が描きやすい画像が見つかるまで探さなければなりません。画像検索に時間を取られてやる気がなくなる、なんて本末転倒は不本意だったので、わたしはカット集を活用しました。自分が描きやすい画風や場面のイラストが揃っているカット集を手元に置いて、セントラルイメージを描く際の参考にするのです。わたしの場合は、輪郭を太ペンで描くようなタッチで、一筆描きのように単純化したイラストが描きやすいので、そんなイラストが載っているカット集を探しました。

あるいは、自分のキャラクターを決めて、それをアレンジするというのも、ひとつの方法でしょう。いずれにしろ、負担なく楽しく続けていけるやり方を見つけてもらえたら、それがいちばんだと思います。

自分を知るマインドマップ

マインドマップを描いていると「考える」という行為が楽しく感じられます。自分で考えたことが枝になってどんどん広がっていくので、頭の中身が開放されていくような爽快感があるのです。また、思考の過程がすべてマインドマップ上に記されているので、堂々巡りになってイライラすることもなく、答えが見えずにモヤモヤすることもありません。

「考える」ことを楽しんで行えるようになると、自分の思考の癖がわかるようになります。人にはそれぞれ思考パターンがあって、わかりやすい例で言うと、いつも楽観的に考える人と、何でも悲観的に見る人がいますよね？　自分が楽観主義か悲観主義か、くらいならすでに気づいているかもしれませんが、それ以上の思考パターンとなると、自分でもよくわかっていないものです。些末にこだわるタイプか、大局的な捉え方をするほうか、あるいは、どんなことでも背後にある〝何か〟を気にする人もいます。

頭の中で考えるだけでは、自分の思考の癖なんてわかりません。しかし、マインドマップを描くと、自然とそれがわかるようになるのです。いつも同じような言葉が出てきたり、色について考えるとなぜかいつも食べ物を思いつく、といった〝お決まりのコース〟があったり。自分の知られざる一面を垣間見た気分になることでしょう。その気づきは、今後何を考えるうえでも重要な鍵になるはずです。

また何か問題にぶつかった時に、「いつもとは違う考え方をしてみよう」と思ってはみるものの、実際にどうやるのかと言われると……なかなか思うようにできなかったり、そもそも皆目見当がつかなかったりします。でも、自分の思考パターン（思考の癖）を知っていれば、それと違った方向に考えをめぐらせてみればいいのです。いつもは枠組みを気にするけれど、今日はちょっと細部をちゃんと見てみよう、といった具合に。

マインドマップは、自分の思考を紙の上に落とし込む作業、とも言えます。それを繰り返すことで、自然と自分の思考パターンを知り、さらに、新しい癖を身につけていくこともできるのです。自分を知る、そして、自分以外のものを知る――これぞ、コミュニケーションの第一歩だと思いませんか？

わたしの「地雷」はどこにある？

「地雷を踏む」という表現は、もはや慣用句として定着してきた感がありますが、「（禁句など）触れてはいけないことに触れてしまうこと」といった意味でよく使われます。悪気があったわけじゃないのに、何気なく発した一言で相手を傷つけてしまった……という経験は誰にでもあると思います。

実は、わたしにも地雷がありました。地雷だと自覚していたわけではないのですが、なんとなく、言われると気分が悪くなる言葉があったのです。それは、「太るよ」とか「よくそんなに食べるねぇ」といった言葉です。現在わたしは160センチ、50キロ弱、どちらかというとスリムな体型です。ですから、冗談で「太るよ」と言われても笑い飛ばせるはずです。実際、「もう食べられないの？」と言われることのほうが多いくらいです。

それなのに、たまたま「太るよ」「よくそんなに食べるねぇ」と言われると、とても不愉快な気分になってしまうのです。言った相手には悪気なんてないでしょう。「今日は食が進んでいるね」とか「細いのに意外と食べるんですね」といった、単なる感想を述べたに過ぎないはずです。それがわかっているのに、なんでこんなに不愉快なんだろう？

というわけで、マインドマップで自己分析してみました。すると驚いたことに、両親からの愛情につながっていったのです。

マインドマップで地雷を除去

まず、メインブランチは「太るよ」です（この場合、セントラルイメージはあまり重要ではないので、「太る」から単純にブタにしてみました）。そこから伸ばした枝には、「太ってない」と「太ってる」という2つが乗りました。今現在は「太ってない」ので、そちらを先に考えます。すると、次に「食べられる」「食べられない」という、コンディションを表す言葉が思い浮かびました（「食べられる」時と「食べられない」時がある）。

そして「食べられる」の先に「たまに」と描いたら（たくさん食べられるのは「たまに」だけ）、続けて「否定」という言葉が思い浮かんだのです。思いついた言葉はとりあえず描く、というわけでそのまま描いて、ここでちょっと考えてみました。「たまに食べられる状態の時に『太るよ』と言われると、否定されている気分になるから？」……どうもしっくりきません。どうやら、わたしの地雷はここではないようです。

続いて、「太ってる」の枝を考えてみます。まず「保育園」「（小学校）低学年」と描きました。実はわたし、このころは太っていたんです。当時「祖父母」の家に預けられていて、あまり外で遊ばないのに、お腹が空いたらかわいそうとばかりに、山盛りのご飯を食べさせられていたのです。「食べさせられる」なんて表現はよくないのですが、実際、満腹で苦しいのにもっと食べろと言われて、苦痛を感じることもあったのです。でも、それが祖母の愛情だと思っていたので、がんばって食べていました。

ここまで描いて、「『太るよ』という言葉は、祖母の愛情を否定されているような気がするから地雷なのかしら？」と考えてみたものの、これも違うようです。さらに考えていくと、「保育園」の先に、もうひとつ「共働き」という枝が伸びました。両親が共働きだったので、当時のわたしは昼間は保育園、夕方は祖父母宅で過ごし、両親の仕事が終わった

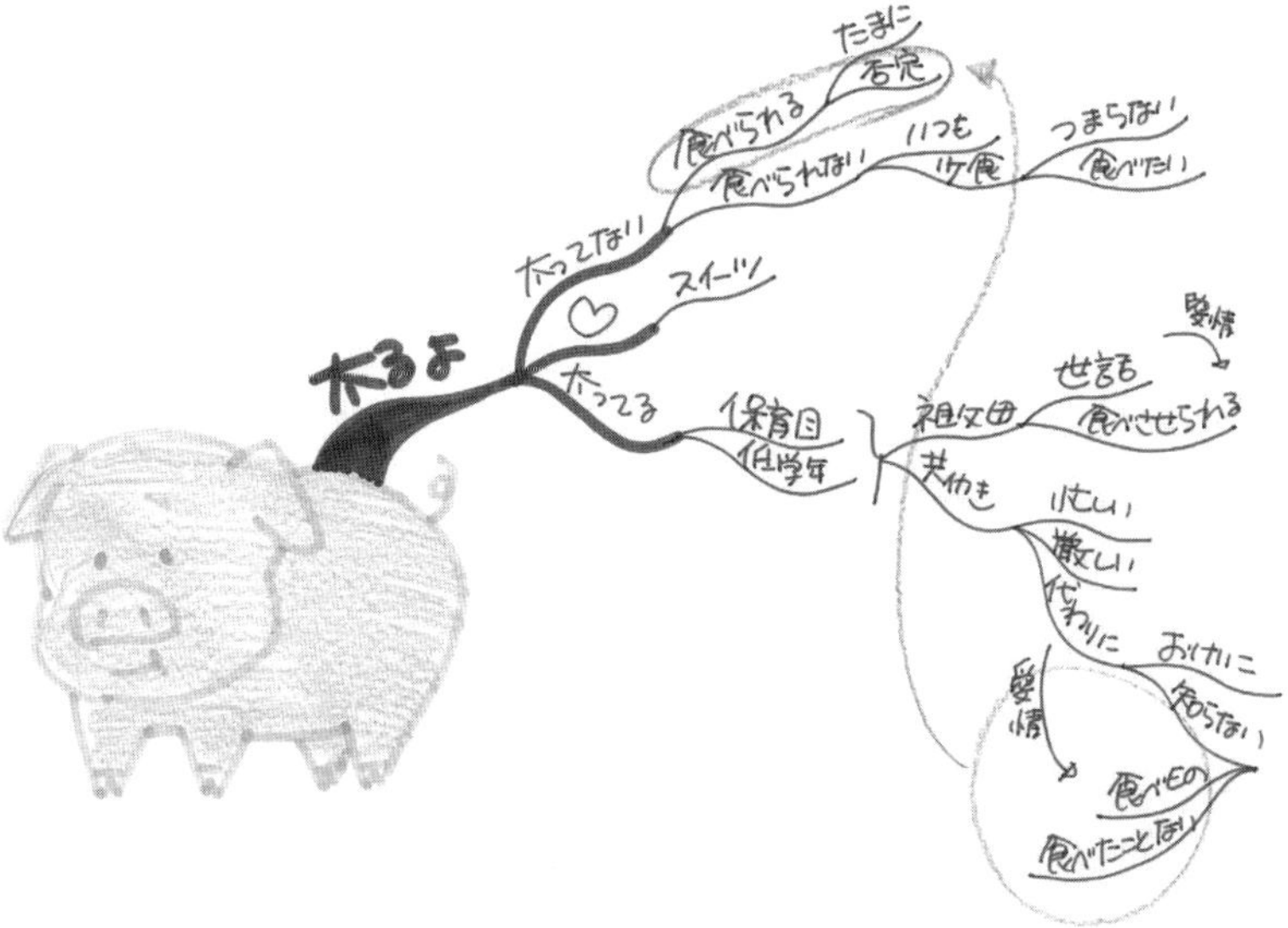

ら迎えにきてもらって、自宅に帰っていました。

「共働き」の先には、「忙しい」「厳しい」という両親へのイメージと、なぜか「代わりに」という言葉が思い浮かびました。さらに、その先には「おけいこ」と「知らない」という枝が伸びました。「おけいこ」というのは、習い事をたくさんしていたのです。親としては、子ども（わたし）の気がまぎれるように、という考えもあったでしょう。

もうひとつは「知らない」です。これは、母のプライドもあったのでしょうが、わたしが、この食べ物知らない／食べたことないと言わずに済むように、食べたいと言えば何でも、とりあえず食べさせてくれたのです。わたしにとっては非常に厳しい両親で、甘えさせてもらった記憶なんてほとんどない、と言えるほどなのですが、この点だけは違っていました。食べたいと言いさえすれば、それを食べる機会を与えてくれたことは、わたしが唯一、両親からの愛情を感じていた部分だったのです。

ようやく地雷の根っこにたどり着きました――食べたいものを食べている時に「太るよ」と言われると、食べることを「否定」されていると感じる。そんなに食欲があるほうではないのに、食べることを「否定」されるのは、唯一ともいえる両親からの愛情を「否定」されているような気がして、それが不快な感情につながっていたのだ!

これがわかってからは、「太るよ」と言われても「そんなに太ってないから大丈夫」「食欲にむらがあるんだよねえ」と軽く受け流せるようになりました。地雷は本来見えないところにあるもの。いったん見えてしまえば、もう恐怖は去ったも同然なのです。

ほかにもいくつかの地雷を自己分析し、「なぜ不快なのか?」「どんなことを感じるのか?」を知ることができました。それによって、自分でもわけがわからないまま不愉快になったり、つまらないことで人と衝突したりすることを防げていると思います。

なぜだか不愉快、よくわからないけど苦手……といったことがある人は、マインドマップで自己分析してみるのもお勧めです。

好きなものを好きな理由を考える

そうは言っても、苦手なものを自己分析するのは、慣れないとやりにくいものです。それに、あまりやりたくはないですよね。

ですから、慣れるまでの間は楽しいこと、好きなことを考えるのにマインドマップを使っていきましょう。「自分の好きなもの」「大切なもの」「ついついのめり込んでしまうこだわり」などのテーマがいいと思います。「物」だけでなく「人」「場所」「行動」など、なんでも構いません。「われながらオタクだなぁ～」と思えるようなものがテーマなら、マインドマップの枝もたくさん広がるでしょうし、色々なつながりが見えてきて、どんどん楽しくなっていくことでしょう。

わたしが好きなものは「間取り図」です。マンションでも一戸建てでもいいのですが、週末になると新聞の折り込みチラシに入ってくる、あの間取り図を見るのが大好きで、趣味と言ってもいいくらいなのです。そこで、なぜそんなに間取り図が好きなのか、間取り図を見ながらどんなことを考えているのかを、マインドマップにしてみました。

誰しもそうだと思うのですが、間取り図を見る時には、自分がその家（部屋）で暮らしている様子をあれこれ想像しているのではないでしょうか？　もちろん、わたしもそうです。そして、わたしがいつも気にして見ている重要なポイントは3つ、「動線」「家具の配置」「個室の振り分け」。だから、この3つをメインブランチにすることにします。

こういう場合、3本のメインブランチを等間隔にしてセントラルイメージから伸ばすのではなく、四方の一隅を空けておくようにします。というのは、後から他にもメインブランチにしたい言葉が出てくるかもしれないからです。最初からメインブランチが確定していることもありますが、そうでないケースも多いです。仕上がりのバランスを気にして〝きれいに〟描いてしまうと、後から追加しづらくなりますので、「まだ他にもあるかも?」と思えるような場合は、あらかじめスペースを空けておくといいでしょう。

せっかく「好きなもの」をテーマに描いているのですから、枝も思い切りよく伸ばしてみましょう。枝の伸ばし方は、描けば描くほど感覚がつかめてきますので、慣れないうちから全体のバランスを考え過ぎてしまわないよう、ぜひ開き直って描いてください。

こういう時のマインドマップは、ブレスト(ブレーンストーミング)のようなものです。つまり、ひとり脳内会議。ですから、思いつくまま、手が動くに任せて枝を伸ばし、言葉を乗せていきましょう。構造化のルールとか「この単語の漢字が思い出せない」とか、そんなことはどうでもいいんです。今やっていることに集中しましょう。もしかすると、枝と枝がクロスしてしまう、なんて事態もあるでしょうが、色分けしてあれば間違えることはないですから、気にせずクロスさせてしまってOKです。

さて、3本のメインブランチからそれぞれ枝を伸ばし、さらに色々と描いていくうちに、わたしにとって「効率良い」感覚や「シンプル」「すっきり」「ピッタリ」というイメージが大事なのだとわかりました。より効率的な間取りを求め、また、どういう配置に家具を

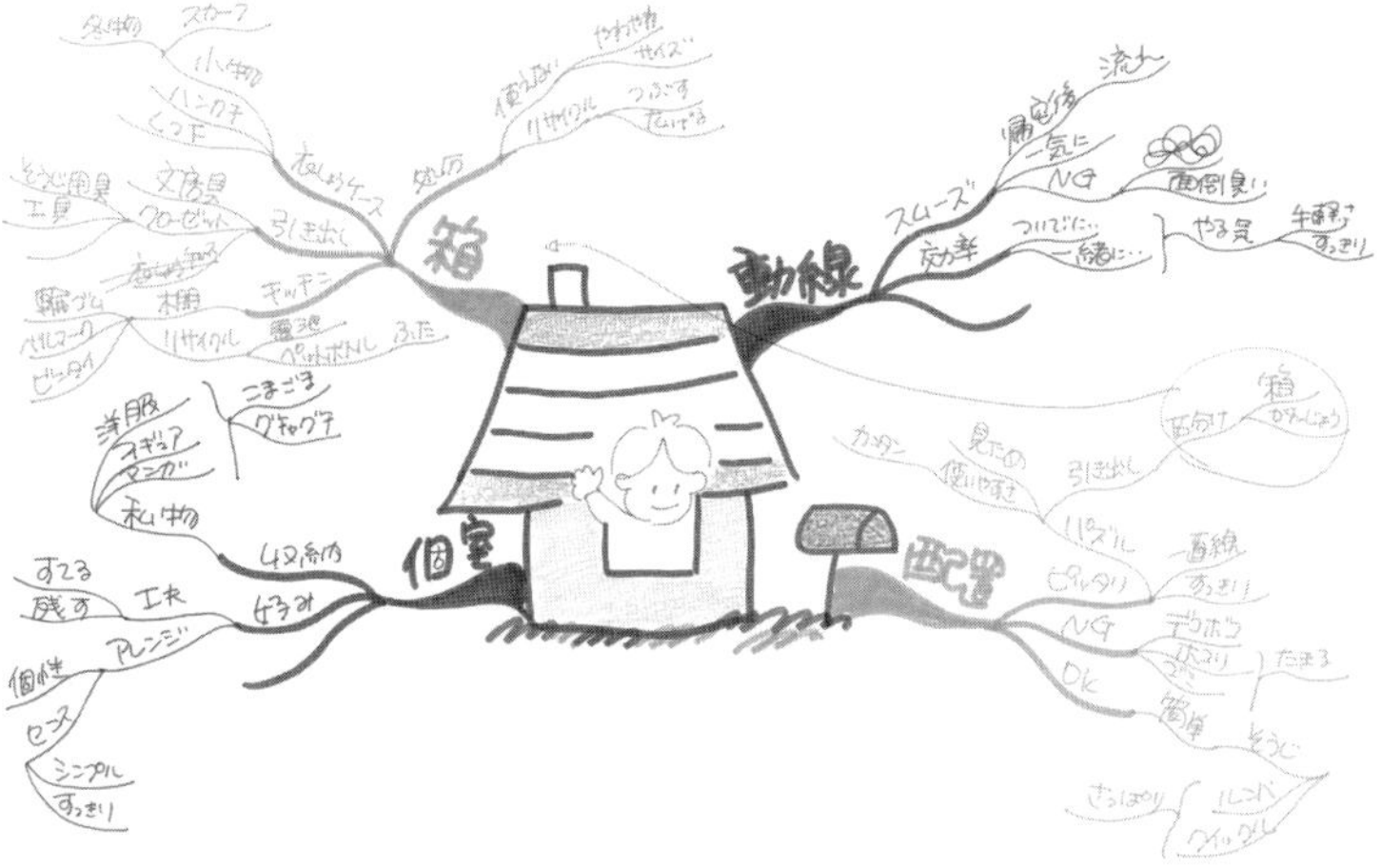

置けば部屋がすっきりするかを考え、そのシミュレーションの場として間取り図を見ていたのです。実生活では毎週毎週、改装や模様替えをするわけにもいきませんからね。

「好き」の共通項を見つける

「すっきり」「ピッタリ」といったイメージから、間取り図が好きなのだとわかったわたしですが、似たような感覚を抱くものがあることに気づきました。ついつい捨てられない箱です。本当は、書棚の引き出しの中なども「すっきり」「ピッタリ」していてほしいのですが、家族と暮らしていると思うようにはいきません。そもそも、すっきり片付いている状態は好きだけど、片づけや掃除は、しなくて済むならできればしたくない、という横着者のわたし。せめてお気に入りの箱を収納に活用して、気分をアップさせることにしました。たとえ箱の中はぐちゃぐちゃでも、箱の配置は満足のいく状態（すっきり、ピッタリ）にしておけば、気持ちよく生活できることに気づいたのです。

それまで箱と見ればとにかく集めていて、なかなか捨てられなかったのですが、「収納に使う」→「収納に耐えられる箱がいい」という一定の条件が加わったことで、なんでもかんでも取っておくことがなくなりました。ひとつの「好き」の理由を知ったことで、ほかの「好き」の理由も同時に知り、それによって無意味な行動をしなくなったのです。

前の例の「なんとなく苦手」と同じように、好きなものについても、「なぜかわからないけど気になる」とか「理由はないけど好き」といった気持ちになることがあるでしょう（わたしのように「なんとなく捨てられない物」が自宅に眠っている人も多いのでは？）。わからないままにしておいてもいいのでしょうが、マインドマップで理由を探っていけば、新たな発見や意外な気づきを得られるはずです。

自分を知れば世界が広がる

人は、より快適な生活や、より楽しい毎日、より充実した人生を常に求め続けています。でも、自分にとっての「快適」がどういう状態なのか、自分は何を「楽しい」と感じるのか、「充実している」と思うのはどういう時かを知らなければ、いつまで経ってもたどり着けません。それどころが、どこに目標を設定すればいいのかすらわからないでしょう。

マインドマップで自分を知ることは、自分の人生を見つめ直すきっかけにもなります。「自分のことは自分でよくわかっている」と思いがちですが、案外そうでもないものです。今の仕事を続けるかどうか、次の引っ越し先はどういう家（あるいは街）にするか、といった日常的な問題でも、自分の「好き（嫌い）」の傾向と理由を知らなければ満足のいく結果は得られないでしょう。

そんなに大きな問題じゃなくても、たとえば、コーヒーが美味しいから通っているカフェがあるけど、どうも居心地が悪くてすぐに出てしまう、という場合、嫌な理由がはっきりしないと、なかなか「行かない」という決断はできないものです。ひょっとすると、コーヒーカップの形が気に入らないから飲みづらいのが原因かもしれません。でも、こういったことは、頭で考えていただけでは絶対にわかりませんよね？

マインドマップによる自己分析は、自分の知らなかった自分を知ることでもあり、また、本当の自分を知ることでもあります。人生に行き詰まっていたり、なんとなく日々に不満を抱いていたり、やる気が出なかったり……もし心当たりがあったら、ぜひマインドマップで自分を見つめ直してみてください。「間取り図」のような小さなテーマであっても、十分に得るものがあると思います。

マインドマップでコミュニケーション

前項の「自分を知る」という作業は、言ってみれば自分とのコミュニケーションです。コミュニケーションというと、自分と他人との間にあるものだと思いがちですが、わたしは、コミュニケーションの基本は自分とのコミュニケーション、つまり、自分を知ることだと思っています。まずは自分の思考パターンや好き嫌いを理解して、それから他人のことを理解し、そうしてはじめて意思疎通ができるというものです。

ここからは、よりよいコミュニケーションのあり方を考えながら、マインドマップをコミュニケーションに活用する方法を紹介していきます。

まず、自分の「望み」を知る

円滑なコミュニケーションを妨げる最大の障害は、認識のズレ、言ってみれば「誤解」です。1章で紹介した育児不安を抱えたご夫婦の場合も、そもそも「不安」の認識にズレが生じていました。ご主人は、奥さんの「不安」の対象は「子どもの育て方」だろうと思っていましたが、奥さんは「将来設計」や「夫婦の関係性の変化」に対して「不安」を感じていたのです。

互いに理解しないままでは、どんどんズレが大きくなっていきます。ご主人が「子どもの育て方に不安があるなら」と子どもの発達の本や育児の勉強会などを紹介し続けたら、奥さんは「わたしのことを心配してくれている」と思うのではなく、「そんなにわたしの育て方がダメだっていうの？」「子どものことだけ考えてろって？」と感じ、夫婦間の亀裂はますます大きくなっていくのです。

言うまでもなく、コミュニケーションは双方向です。自分の言い分と相手の言い分があって、うまく折り合いをつけるなかで、互いに理解し合いながら心を交わしていくのです。相手の言い分をすべて受け入れられればトラブルも起きないでしょうが、そんな関係は長続きしません。誰だって自分の言い分、自分の望みがあるはずです。また、相手が何を望んでいるかを理解してこそ、円滑なコミュニケーションが築かれるのです。

ところが、そもそも自分がどんな状態を望んでいるかに気づいていない人が、実はとても多いのです。前述のご夫婦の場合も、奥さんが「子どもが産まれてからも、夫婦で過ごす時間を大切にしたい」と考えていることに自分で気づいて、それをご主人に伝えていたら、もっとスムースな解決策が見つかっていたはずです（おかげでマインドマップ講座を受けていただけたのですが）。

自分の望みとは、「自分がこうしたい」ということのほかに「相手にこうしてほしい」

というものも含まれます。コミュニケーションがうまく行っていないと相手に対する不満が募るものですが、どうしたいのか・どうしてほしいのかを自分でも把握していないのに、それを相手に求めるのは無理な話です。また、自分の望みもわからないのに、相手の望みだけを知ろうとしても解決にはつながりません。あいまいな我慢を続けていると、そのうち漠然とした不満が大きくなって、いきなり爆発してしまうことにもなりかねません。

ですから、自分以外の人とのコミュニケーションを良くしたいなら、まずは自分の望みを知ることから始めましょう。そのために有効なのが、もちろんマインドマップです。「理想の自分」をテーマに、自分の望みについて考えていきましょう。

理想から自分の望みを考える

あなたの「理想の自分」は、どんなものでしょうか？　そんなこと普段じっくり考えたことない、という人もいるでしょう。なかなか思いつかない場合は、「お金も時間も能力も何もかも手に入るとしたら、自分は何がほしいだろう？」と考えてみると想像しやすくなります。地位も権力も美貌も自由自在です。さぁ、どうなりたいですか？

想像がふくらんできたら、収入、食生活、交友関係、住環境、仕事、服装、家族、休日の過ごし方……など、思いつくままにメインブランチを作ります。この時、「この枝とこの枝は一緒になるかな？」などと整理しながら考えることはしません。どんなものでも思いついたら描く！　という方針を徹底しましょう。

そして、各メインブランチからどんどんイメージを広げていきます。食生活だったら、どんなものが食べたいか、いつ食べたいか、誰と食べるか、行きたいお店があるかなど、細かく具体的に考えます。もし「こんなの無理」とあきらめていることや、「今はできない」と先延ばしにしていることがあっても、ひとまずは「やれるかもしれない」ということにして描いていきましょう。

ここでは〝欲望の塊〟になったほうがいいです。変に謙虚になったり小さく考えたりすると、この先、思考を掘り下げていく時に行き詰まってしまいます。

理想（欲望）をある程度出し尽くしたら、ここからは「なぜ？」という疑問に答える形で考えていきます。この「なぜ？」は、ＷＨＹだけでなく、ＷＨＡＴやＨＯＷなどの意味も含んだ「なぜ？」です。「なぜそう望むのか？」「それが叶ったらどうなるのか？」「叶えるためにどうするのか？」というふうに、理想や欲望を細分化します。

そうすると、「絶対に無理」と思えるような過大な欲望ではなく、リアリティをもって考えられる実現可能な目標が見えてくるでしょう。「日本一のお金持ちになりたい」という欲望（野望？）も、「なぜ？」を繰り返して細分化していけば、「家族みんなに不満のない人生を送ってほしい」という願いが根底にあるかもしれません。そうであれば、別に

「日本一のお金持ち」にならなくても、その理想を実現する方法はほかにいくらでもあります。

自分の理想を突き詰めて考えてみれば、その根底にある小さな願いに行きつく、というわけです。ひょっとしたら、これまで一度も自覚したことのない感情かもしれませんが、自分が大事にしたいと思っている価値観や考え方に行きついたことで、穏やかな気持ちになることでしょう。

価値観の多様性を理解しよう

マインドマップは、人と人とのコミュニケーションを円滑にしてくれる、すばらしいツールです。それはなぜでしょう？　それは、多様性を実感として認められるからです。

マインドマップで自分の望みを知ったあなたは、自分の中にある価値観の存在に気づいたはずです。もしかすると、なんとなく気づいていたかもしれませんが、マインドマップで自分自身を掘り下げたことで、その存在をはっきりと感じたことでしょう。日々マインドマップを使っていくと、もっと多くの発見や気づきを得られます。人生全体に関わることから、日常の一場面の小さなことまで、人はさまざまな価値観をもっているからです。

本当に大切にしたいと思っている価値観は、その人の考え方や言動まで支配します。自分ではそうと気づいていなくても、日々のちょっとした行動や、なにげない一言にまで、その価値観の影響が及んでいると言えるでしょう。

そういった価値観は、あなた以外のすべての人ももっています。どんな人でも、その人なりの価値観に突き動かされているのです。いつもつまらないことにこだわる人や、何度言っても人が嫌がることをする人っていますよね？「理解できない」と思っているでしょうが、その人にとっては意味のあることなのです。でも、表面的な付き合いだけでは、それを知ることはできません。

しかし今のあなたは、「どんな人にでもその人なりの価値観があり、その人の一挙一動の根底には、その価値観が深く関わっている」ことを知っています。相手の価値観そのものはわからなくても、自分とは違う価値観をもっていることを理解していれば、「自分には理解できないけれど、相手にとっては意味のあることなのだろう」という受け止め方ができるようになります。これが、多様性を認められるということです。

「理解できない→否定」ではなく、相手の行動の背後にあるものを知ろうと努めることで、理解が深まり、関係が深まっていくのです。これこそがコミュニケーションだと思うのです。マインドマップを使うことによって自分の価値観を知り、自分以外の人にもその人なりの価値観があると知ることで、一方的な決めつけをせず、すれ違いを前提としたコミュニケーションができるようになるのです。

すれ違いが小さいうちに対処する

自分なりの価値観というのは、平たく言うと、自分にとっての「当たり前」です。つまり価値観の多様性とは、「自分の考えている『当たり前』と、相手の考えている『当たり前』は違う」ということ。当たり前が違っていれば、簡単に理解し合うことなどできません。だから、すれ違ってしまうのです。

価値観や「当たり前」は目に見えるものではありませんし、普段から意識していることでもないので、本人でもなかなか気づきません。また、人の思考はとても複雑なので、相手の価値観を知っていたからといって、必ずしもすべてを理解できるとも限りません。

日常のコミュニケーションにおいては、すれ違いながら、時にはケンカしながら、互いの価値観を知り、理解し合っていきます。それは、とても地道な作業だと思います。ですから、面倒くさいと思ってしまったら、そこで終わり。その人とわかり合うことはないでしょうし、円滑なコミュニケーションなんて望めないでしょう。

カップルや家族など、とても近しい間柄だと、理解できなくても我慢してしまうことが少なくありません。「今ここで相手の本心を探ることまでするよりも、理解はできないけれど、とりあえず相手の言い分に従っておこう」といった具合に。しかし、そうやってぎ

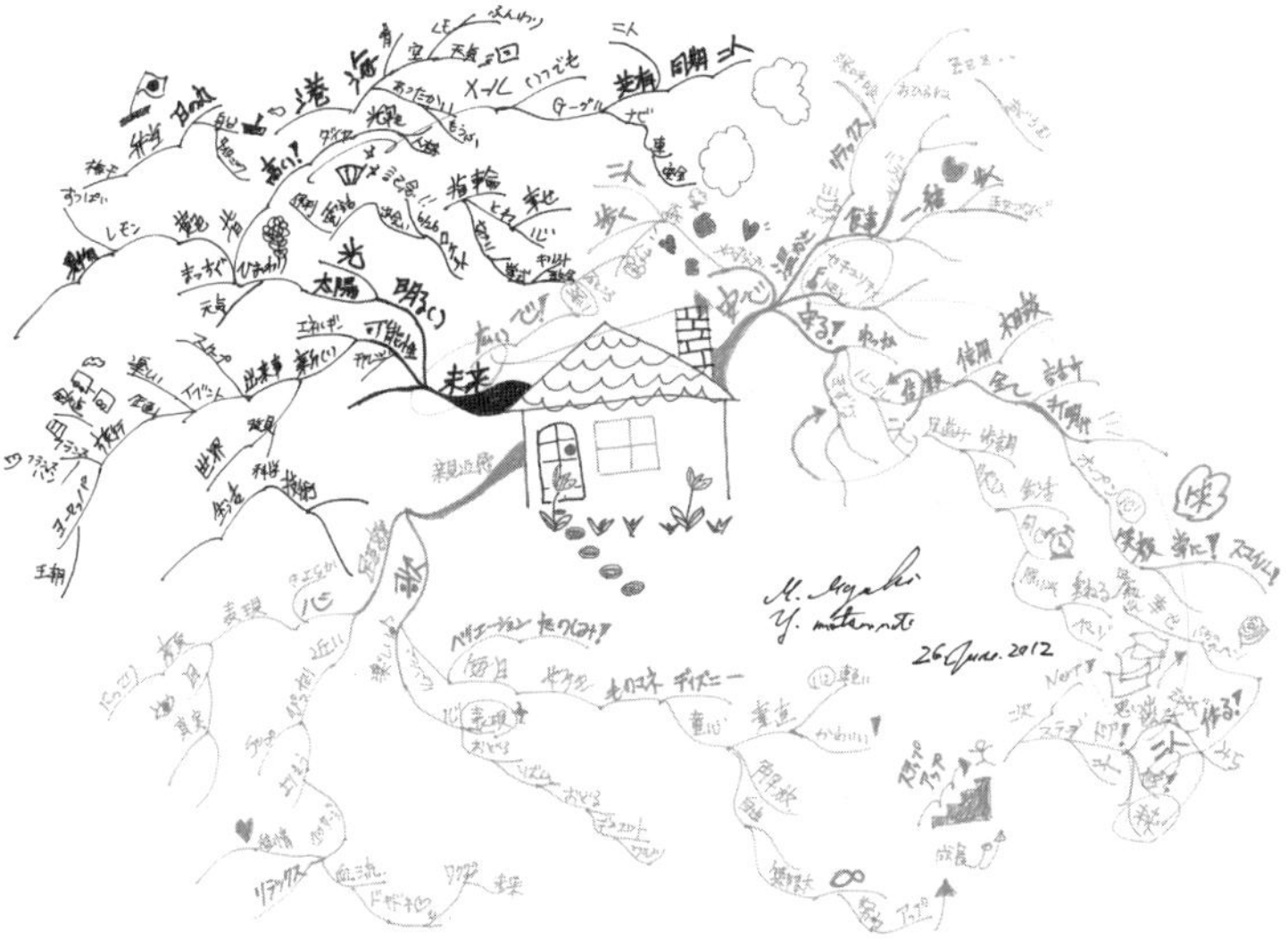

りぎりまで我慢していると、その我慢はいつしか怒りに変わります。そうなると、理解し合うなんて到底無理で、相手を攻撃することになってしまいかねません。

　そうなってしまわないよう、日常的な小さな場面から、互いのすれ違いを埋めていく努力が必要だと思います。「あれ？」と思った時に互いの気持ちを確認しておけば、大きな溝を作らずに済みます。その時にマインドマップを活用していただきたいのです。マインドマップを使えば、自分の価値観を知るだけでなく、相手の価値観を知り、すれ違いを埋める手立てを見つけることもできます。

　可能であれば、ぜひ相手と一緒にマインドマップを描きましょう。ふたりで互いの考えを話しながら描いていくのです。最初は考え方がまったく違うことに戸惑うかもしれませんが、なぜそう思うのか、その考えの先にある価値観を知れば、納得できるようになるかもしれません。あるいは、どうしても納得いかなくても、他のところに妥協点を見出したり、自分の中でも譲れるポイントを見つけられたりします。

子どもの育児方針について夫婦で話し合ったり、あるいは、習い事や進路について子どもも自身と話し合ったり、もっと身近な例なら、休日のデートについて考えたり、今夜のごはんを考えたり。もちろん毎日やる必要はありませんが、相手の考え方や言動に違和感を覚えた時や、なんとなく引っかかった時には、その後も良好な関係を保つためのステップとして、マインドマップを使った話し合いをしてみてはいかがでしょうか?

前ページのマインドマップは、そのようにして話し合ったご夫婦から提供していただいたものです。太めの文字がご主人、細めのほうが奥さんの描いた部分だそうです。ぜひ、ご参考にしてみてください。

また、家族や恋人と違って「理解する」ことへの努力を怠りがちな友人や同僚とも、マインドマップでコミュニケーションを図ることができます。時には家族以上に心の支えとなってくれる友人を、つまらないすれ違いで失ってしまうのは残念です。同僚と同じ目標に向かってがんばっていたと思ったら、実はまったく違う方向を向いていて、かえって足を引っ張られていた……なんて悲しい事態も防げるでしょう。

どんな人でも、他人と関わることなく生活していける人は存在しません。どうせ関わるなら、良好な関係を築きたいものです。そのためには、まずは自己理解、そして、多様性を認めたうえでの他者理解が必要です。日々の小さなコミュニケーションの積み重ねとしてマインドマップを取り入れていただき、互いの理解を深めることで、尊重し合える関係を維持し続けていただきたいと願います。

おわりに

2006年、マインドマップを開発したトニー・ブザン氏が、インストラクター養成のため来日しました。わたしはこの時、ブザン氏から直接インストラクターになるための指導（研修）を受けました。その場にいたのは、日ごろから自身のビジネスに熱心なビジネスパーソンばかりで、当時、公立保育園の保育士だったわたしには驚きの連続でした。「インストラクターになったとしても、やっていけるのか？」と不安さえ感じました。

しかし、ブザン氏からの指導を受ける中で、「マインドマップはビジネス以外の場でこそ活用できる！」と考え始めていました。なぜならブザン氏ご本人に、ビジネスパーソンとしての資質よりも、教育者としての資質を強く感じたのです。

はじめは、ほとんどのインストラクター候補生がモノトーンのマインドマップを描き、マインドマップの奥深さのなんたるかも理解していないような状態でした。そんな状態の候補生を、ブザン氏はたった2日間でマインドマップの魅力の虜にしてしまいました。通訳を行っていた神田昌典氏ですら、「マインドマップがこんなに奥深いツールだとは知らなかった」と驚いていたほどです。ブザン氏の著書であり、日本にマインドマップを広めた『ザ・マインドマップ』（ダイヤモンド社）の翻訳をされた神田氏から見ても、ブザン氏の直接指導によって候補生が変化していく様は想像以上だったのでしょう。

ブザン氏の指導は常にユーモアをもっていて、良い面を褒め、素晴らしい作品は全員で共有しました。楽しんで学べるよう指導しながら、マインドマップの素晴らしさを候補生に伝えていくブザン氏の姿勢そのものに、わたしは教育との共通点を感じたのです。

そしてわたしは、「マインドマップを学べるのは、ビジネスパーソンだけではない。主婦だって子どもだって楽しく学べるはずだ」と強く考え始めました。年齢も性別も関係なく、楽しく学べるのがマインドマップの魅力だと考え、親子のための講座も開催しています。その中で、素敵なエピソードがいくつも生まれました。この本の中で紹介したのは、そんな心温まる感動のごく一部です。

この本を読んで、自己流でもなんでもいいので、「とりあえずやってみよう！」とペンと紙を用意していただけたらうれしいです。「きれいに描かなくちゃ……」「絵が下手だから……」と尻込みする必要はありません。楽しく取り組めればＯＫです。楽しく取り組んでいるうちに、なんとなくルールもわかってくるでしょう。

この本が、最初の一歩を踏み出すきっかけになれば、それ以上の喜びはありません。

矢嶋美由希

矢嶋美由希　やじま・みゆき
株式会社リプリズム代表。英Think Buzan公認インストラクター。20年間、保育士として勤務。在職中に、より専門性を高めるために大学で臨床心理学を学ぶ。その後、マインドマップ・インストラクターの資格を取り、独立。現在は、全国各地でマインドマップ講座を開催するほか、コーチングや子育てアドバイスなども行なう。
http://mindmap-coaching.jp/

校正　くすのき舎

描くだけで毎日がハッピーになる
ふだん使いのマインドマップ

2012年9月9日　初　版
2022年2月22日　初版第8刷

著　者　矢嶋美由希
発行者　菅沼博道
発行所　株式会社CCCメディアハウス
〒141-8205　東京都品川区上大崎3丁目1番1号
電話　03-5436-5721（販売）
　　　03-5436-5735（編集）
http://books.cccmh.co.jp

印刷・製本　大日本印刷株式会社

ISBN978-4-484-12220-5